农民专业合作社建设与管理

◎ 吴兆举 郝 霞 吴学智 主编

 中国农业科学技术出版社

图书在版编目(CIP)数据

农民专业合作社建设与管理／吴兆举，郝霞，吴学智主编．--北京：中国农业科学技术出版社，2023.6
 ISBN 978-7-5116-6301-6

Ⅰ．①农… Ⅱ．①吴… ②郝… ③吴… Ⅲ．①农业合作社-专业合作社-研究-中国 Ⅳ．①F321.42

中国国家版本馆 CIP 数据核字(2023)第 104008 号

责任编辑	王惟萍
责任校对	王 彦
责任印制	姜义伟　王思文

出 版 者	中国农业科学技术出版社 北京市中关村南大街 12 号　邮编：100081
电　　话	(010) 82106643（编辑室）　　(010) 82109702（发行部） (010) 82109709（读者服务部）
网　　址	https://castp.caas.cn
经 销 者	各地新华书店
印 刷 者	中煤（北京）印务有限公司
开　　本	140 mm×203 mm　1/32
印　　张	5.375
字　　数	145 千字
版　　次	2023 年 6 月第 1 版　2023 年 6 月第 1 次印刷
定　　价	35.00 元

◆◆◆ 版权所有·翻印必究 ◆◆◆

《农民专业合作社建设与管理》
编委会

主　编：吴兆举　郝　霞　吴学智

副主编：刘军德　孙梦斐　白　洁
　　　　后居忠　许永强　周　颖
　　　　程璐峰　杨礼惠　孙建印
　　　　杨卫华　李会丽　保秋林
　　　　贤伟华　尤凤丹　闫洪飞

前　言

　　农民专业合作社是农村社会发展的必然产物。近年来，在农民专业合作社法律法规和支持政策的保障激励下，我国农民专业合作社蓬勃发展，农民群众的合作意愿持续增强，农民专业合作社地域分布广泛，已成为组织服务小农户的重要载体、激活农村资源要素的重要平台、维护农民权益的重要力量，在建设现代农业、带领农户增收致富中发挥着积极作用。

　　尽管农民专业合作社发展迅速，但当前农民专业合作社发展也存在一些问题，如经营规模小、经营实力弱、承担风险能力差、带动农户入社的能力弱。

　　本书结合我国农民专业合作社发展现状，从农民专业合作社管理者和成员的角度出发，依据最新修订的《中华人民共和国农民专业合作社法》，详细地介绍了农民专业合作社的建设与管理。具体分为八章，分别为农民专业合作社基础知识、农民专业合作社法规政策、农民专业合作社设立、农民专业合作社联合社设立、农民专业合作社组织运营、农民专业合作社经营管理、农民专业合作社财务管理，以及农民专业合作社合并、分立、解散和清算等。

　　由于编写时间仓促，水平有限，书中难免存在不足之处，欢迎广大读者批评指正。

编　者

2023 年 4 月

目 录

第一章 农民专业合作社基础知识 …………………………1
 第一节 农民专业合作社的内涵 ……………………1
 第二节 农民专业合作社的模式 ……………………3
 第三节 农民专业合作社的服务 ……………………4
 第四节 农民专业合作社的原则 ……………………5
 第五节 发展农民专业合作社的意义 ………………8
第二章 农民专业合作社法规政策 …………………………9
 第一节 农民专业合作社的法律法规及文件 ………9
 第二节 农民专业合作社的扶持政策 ………………12
第三章 农民专业合作社设立 ………………………………21
 第一节 农民专业合作社设立的条件 ………………21
 第二节 农民专业合作社设立的流程 ………………27
第四章 农民专业合作社联合社设立 ………………………52
 第一节 农民专业合作社联合社概述 ………………52
 第二节 组建农民专业合作社联合社 ………………54
 第三节 农民专业合作社联合社案例 ………………55
第五章 农民专业合作社组织运营 …………………………82
 第一节 农民专业合作社组织机构与职权 …………82
 第二节 农民专业合作社的制度 ……………………90
 第三节 农民专业合作社的运营模式 ………………93

第六章　农民专业合作社经营管理 ·············· 99
第一节　农民专业合作社生产管理 ·············· 99
第二节　农民专业合作社营销管理 ·············· 102
第三节　农民专业合作社人员管理 ·············· 109
第四节　农民专业合作社风险管理 ·············· 116

第七章　农民专业合作社财务管理 ·············· 123
第一节　资产管理 ······························ 123
第二节　负债管理 ······························ 129
第三节　所有者权益管理 ························ 130
第四节　收入与成本费用管理 ···················· 131
第五节　盈余分配管理 ·························· 133
第六节　合作社成员账户管理 ···················· 135

第八章　农民专业合作社合并、分立、解散和清算 ·· 137
第一节　农民专业合作社的合并 ·················· 137
第二节　农民专业合作社的分立 ·················· 139
第三节　农民专业合作社的解散 ·················· 141
第四节　农民专业合作社的清算 ·················· 143

附录1　中华人民共和国农民专业合作社法 ········ 148
参考文献 ·· 164

第一章 农民专业合作社基础知识

第一节 农民专业合作社的内涵

一、农民专业合作社的概念

根据《中华人民共和国农民专业合作社法》（简称《农民专业合作社法》）第二条规定，农民专业合作社是指在农村家庭承包经营基础上，农产品的生产经营者或者农业生产经营服务的提供者、利用者，自愿联合、民主管理的互助性经济组织。例如，蔬菜专业合作社、水果专业合作社、水产专业合作社、农机专业合作社等。

《农民专业合作社法》强调在农村家庭承包经营的基础上组建农民专业合作社，旨在确保农村土地基本政策的稳定性与连续性。自愿原则体现的是农民入社和退社自由。

二、农民专业合作社的特征

我国农民专业合作社与以公司为代表的企业法人一样，是独立的市场经济主体，具有法人资格，享有生产经营自主权，受法律保护，任何单位和个人都不得侵犯其合法权益，其特征如下所述。

（一）农民专业合作社是一种经济组织

与只为成员提供技术、信息等服务，不从事营利性经营活动的农民专业技术协会、农产品行业协会等专业合作经济组织不同,农民专业合作社是从事经营活动的实体型农民专业合作经济组织,也就是说,农民专业合作社是一种经济组织。

(二) 农民专业合作社建立在农村家庭承包经营基础之上

农村土地的家庭承包经营制度,是党在农村的基本政策。农民专业合作社建立在农村家庭承包经营基础之上,保证了其成员以农民为主体。当前,我国正处于传统农业向现代农业的转型期,多种经营主体并存的局面将长期存在,传统的农民概念也在发生变化,农民的身份概念将逐渐淡化,职业农民的概念将会逐渐被人们接受。但是,从我国的现实国情和未来发展趋势看,在相当长时期内,我国农村从事家庭承包经营生产的传统小农户仍然占大多数,法律依然应当首先支持和保护拥有家庭承包经营权、经营农业、收入主要来源于农业的农民。

(三) 农民专业合作社是专业的经济组织

农民专业合作社是农产品的生产经营者或者农业生产经营服务的提供者、利用者联合组成的,其经营服务的内容具有很强的专业性,主要是为成员提供生产经营服务。例如,实践中一些农民专业合作社在管理上采取"六统一":统一引进新品种、新技术;统一提供技术和信息服务;统一采购农药、种子等生产资料;统一组织销售;统一承接国家涉农建设项目等优惠扶持政策;统一开展法律、文化等社会事业服务。

(四) 农民专业合作社是自愿联合、民主管理的经济组织

任何单位和个人都不得违背农民意愿,以指导、扶持和服务等名义强迫他们成立或者加入农民专业合作社。农民专业合作社的各成员不论是否出资、出资多少,在合作社内部的地位都是平等的,实行民主管理,在成员大会的选举和表决上,实行一人一票制,成员各享有一票基本表决权。农民专业合作社

在运行过程中应当始终体现"民办、民有、民管、民受益"的精神。

(五) 农民专业合作社是互助性质的经济组织

农民专业合作社是农产品的生产经营者或者农业生产经营服务的提供者、利用者以自我服务为目的而成立的,目的是通过合作互助提高规模效益,完成单个农民办不了、办不好、办了不合算的事。这种互助性的特点,决定了它以成员为主要服务对象,决定了"以服务成员为宗旨,谋求全体成员的共同利益"的经营原则。

第二节 农民专业合作社的模式

目前,我国农民专业合作社主要有以下 3 种基本模式。

一、农民为控制者或创办者的农民专业合作社

农民为控制者或创办者的农民专业合作社是指农民在该合作社的产权结构中占据主导地位的合作社。这些专业合作社在决策机制上,有的实行成员中每股一票,有的实行成员中每人一票,也有的合作社在成员中每人一票的基础上,附加一定的表决权,一般会形成"农民专业合作社+农户"的模式。

二、相关组织为控制者或创办者的农民专业合作社

相关组织为控制者或创办者的农民专业合作社的主导者即是涉农的准政府组织、政府组织及其下属机构。这种合作社一般会依托当地资源,与当地主要产业发展相结合,大力发展专业化生产,也便于形成"中介机构+农民专业合作社+农户"的模式。

三、企业为控制者或创办者的农民专业合作社

企业为控制者或创办者的农民专业合作社通常由企业控制着,通过对合作社进行直接管理,并且利用企业的资金优势组织生产经营活动,主要是形成一种"企业+农民专业合作社+农户"的模式。

第三节　农民专业合作社的服务

《农民专业合作社法》第三条规定,农民专业合作社以其成员为主要服务对象,开展以下一种或者多种业务:(一)农业生产资料的购买、使用;(二)农产品的生产、销售、加工、运输、贮藏及其他相关服务;(三)农村民间工艺及制品、休闲农业和乡村旅游资源的开发经营等;(四)与农业生产经营有关的技术、信息、设施建设运营等服务。这一规定主要包含以下2层含义。

一、农民专业合作社以其成员为主要服务对象

农民专业合作社基本是由农产品的生产经营者或者农业生产经营服务的提供者、利用者组织起来的。这些自愿组织起来的成员具有共同的经济利益,共同利用合作社提供的农业生产资料的购买、使用服务,以及农产品的生产、销售、加工、运输、贮藏及其他相关服务等。农民专业合作社通过为其成员提供产前、产中和产后服务,使成员联合进入市场,形成规模经济,以节省交易费用、增强市场竞争力、增加成员收入。因此,农民专业合作社的主要目的是为成员提供服务,这一目的体现了所有者与利用者同一的原则,是合作社区别于公司等企业的特征之一。

二、农民专业合作社可以开展的业务范围

2007年实施的《农民专业合作社法》将农民专业合作社限定为"同类农产品的生产经营者或者同类农业生产经营服务的提供者、利用者"之间的联合。随着城镇化的快速推进和农村劳动力的大量转移，农业规模化经营快速发展，农民对联合与合作的意愿更加强烈，对合作的内容、层次和形式的需求呈现出多样化的态势，专业合作、股份合作、信用合作、供销合作等各种类型的合作社都在发展，专业化基础上的综合化发展趋势更加明显。同时，农民对各类合作社提供服务的需求也日益多元，不局限于同类农产品或者同类农业生产经营服务的范围。因此，新修订的《农民专业合作社法》扩大了农民专业合作社的业务范围，不再局限于同类农产品或者同类农业生产经营服务的范围，并用列举的方式明确农民专业合作社可以开展以下一种或者多种业务：农业生产资料的购买、使用；农产品的生产、销售、加工、运输、贮藏及其他相关服务；农村民间工艺及制品、休闲农业和乡村旅游资源的开发经营等；与农业生产经营有关的技术、信息、设施建设运营等服务。从而将实践中出现的新型的农民专业合作社，如农村民间工艺及制品、休闲农业和乡村旅游资源的开发经营等新型农民专业合作社，以及农机、植保、水利等专业合作社纳入了《农民专业合作社法》调整范围。

第四节　农民专业合作社的原则

一、成员以农民为主体

这是为了坚持农民专业合作社为农民服务的宗旨，发挥农民

专业合作社在解决"三农"问题中的作用,使农民真正成为农民专业合作社的主人,有效地表达自己的意愿,并防止他人利用、操纵农民专业合作社。根据《农民专业合作社法》对成员的规定,一方面,合作社的成员并不是单一的农民,企业、事业单位或者社会团体也可以成为合作社的成员;另一方面,合作社成员主要由农民组成,而且,农民不少于成员总数的80%,成员人数在20人以下的,允许一个从事与农民专业合作社业务直接有关的生产经营活动的企业、事业单位或者社会组织进入;成员人数超过20人的,其也不得超过5%。

二、以服务成员为宗旨,谋求全体成员的共同利益

一方面,农民专业合作社以其成员为主要服务对象,坚持以服务成员为宗旨。农民入社后,可以享受农民专业合作社提供的产前、产中、产后服务,更好地发展生产,农民专业合作社则将成员分散生产的农产品和需要的服务集中起来,以规模化的方式进入市场,改变了单个农民的市场弱势地位。另一方面,农民专业合作社为成员服务,还必须坚持谋求全体成员的共同利益。不论是农民个人还是企业等团体成员,加入合作社都是为了享受农民专业合作社提供的服务,合作社本质上是成员共同利益的联合体,这种共同利益是成员间进行合作开展一致行动的基础,只有谋求共同利益才能保证全体成员的利益最大化。

三、入社自愿、退社自由

农民专业合作社是互助性经济组织,凡具有民事行为能力的公民,能够利用农民专业合作社提供的服务,承认并遵守农民专业合作社章程,履行章程规定的入社手续的,可以成为农民专业

合作社的成员。农民可以自愿加入一个或者多个农民专业合作社，入社不改变承包经营；农民也可以依法自由退出农民专业合作社，终止其成员资格，农民专业合作社应当按照章程规定的方式和期限，退还记载在该成员账户内的出资额和公积金份额，返还其成员资格终止前的可分配盈余；资格终止的成员应当按照章程规定分摊资格终止前本社的亏损及债务。

四、成员地位平等，实行民主管理

《农民专业合作社法》从农民专业合作社的组织机构和保证农民成员对本社的民主管理2个方面作了规定：一是农民专业合作社必须设立成员大会，作为农民专业合作社的权力机构，并依法定期和临时召开；二是农民专业合作社成员大会选举和表决，实行一人一票制，成员各享有一票的基本表决权，成员可以通过民主程序直接参与本社的生产经营活动。

五、盈余主要按照成员与农民专业合作社的交易量（额）比例返还

盈余分配方式是农民专业合作社与其他经济组织的主要区别，为了体现盈余主要按成员与本社的交易量（额）比例返还的基本原则，保护一般成员和出资较多成员两个方面的积极性，《农民专业合作社法》规定：可分配盈余主要按照成员与本社的交易量（额）比例返还，可分配盈余按成员与本社的交易量（额）比例返还的返还总额不得低于可分配盈余的60%；返还后的剩余部分，以成员账户中记载的出资额和公积金份额，以及本社接受国家财政直接补助和他人捐赠形成的财产平均量化到成员的份额，按比例分配给本社成员。具体分配办法按照章程规定或者经成员大会决议确定。

第五节　发展农民专业合作社的意义

农民专业合作社是社会主义市场经济体制下产生的一种全新的市场主体组织形式。它的产生源于实行家庭承包后,农民因生产资料购买、农产品销售、生产技术欠缺而产生的通过市场获得服务的需求。它的发展动力源于参与市场竞争。

成立农民专业合作社可以实现成员生产经营的规模经济。农民专业合作社通过集体销售成员的农产品,集体为成员采购农业生产资料以及集体利用农业基础设施、大中型农机具,集体收集市场信息等,降低了成员的平均生产成本、提高劳动生产率,实现了规模经济。

一、降低成员交易成本

农民专业合作社统一向成员提供市场信息、产品销售、投入品购买、技术服务等,降低了成员个人在收集信息、与商户讨价还价、实施商业合同等环节的交易成本。

二、减少成员生产经营的不确定性和风险

农民专业合作社通过为成员签订供货或销售合同、提供稳定的销售或供货渠道,降低了成员因价格波动带来的市场风险和投入的不确定性。

三、改善成员的市场竞争地位

农民专业合作社为成员提供了市场购销中讨价还价的机会,提升了成员在购买产品和服务以及销售产品和服务中与商家的谈判权。

第二章 农民专业合作社法规政策

第一节 农民专业合作社的法律法规及文件

一、农民专业合作社主要法律法规

2006年10月31日,第十届全国人民代表大会常务委员会第二十四次会议通过《农民专业合作社法》,并于2017年12月27日第十二届全国人民代表大会常务委员会第三十一次会议修订。

2007年5月28日,中华人民共和国国务院令498号公布《农民专业合作社登记管理条例》。2022年3月1日起,《中华人民共和国市场主体登记管理条例》施行,《农民专业合作社登记管理条例》同时废止。

2009年8月31日,农业部等11部门发布《关于开展农民专业合作社示范社建设行动的意见》。

2010年6月11日,农业部发布《农民专业合作社示范社创建标准(试行)》。

2013年12月18日,工商总局、农业部发布《关于进一步做好农民专业合作社登记与相关管理工作的意见》。

2013年12月13日,农业部等9部门发布《国家农民专业合作社示范社评定及监测暂行办法》。

2014年8月27日,农业部等9部门发布《关于引导和促进农民合作社规范发展的意见》。

2018年10月18日,农业农村部发布《农民专业合作社示范章程(修订草案征求意见稿)》《农民专业合作社联合社示范章程(征求意见稿)》。

2019年9月4日,中央农办等11个部门发布《关于开展农民合作社规范提升行动的若干意见》。

2019年11月6日,农业农村部等6部门发布《国家农民合作社示范社评定及监测办法》。

2020年3月3日,农业农村部发布《新型农业经营主体和服务主体高质量发展规划(2020—2022年)》。

2021年12月6日,农业农村部办公厅发布《关于建立"空壳社"治理长效机制促进农民合作社规范发展的通知》。

2022年7月8日,财政部、农业农村部发布《农民专业合作社财务制度》。

二、历年中央一号文件关于农民专业合作社的论述

2012年中央一号文件指出,引导农民专业合作社规范开展信用合作;支持农民专业合作社兴办农产品加工企业或参股龙头企业;支持农民专业合作社在城市社区增加直供直销网点,形成稳定的农产品供求关系。

2013年中央一号文件指出,实行部门联合评定示范社机制,分级建立示范社名录,把示范社作为政策扶持重点;安排部分财政投资项目直接投向符合条件的合作社,引导国家补助项目形成的资产移交合作社管护。

2014年中央一号文件指出,鼓励发展专业合作、股份合作等多种形式的农民合作社;允许财政项目资金直接投向符合条件的合作社,允许财政补助形成的资产转交合作社持有和管护,有

关部门要建立规范透明的管理制度。

2015年中央一号文件指出,推进合作社与超市、学校、企业、社区对接;引导农民专业合作社拓宽服务领域,促进规范发展,实行年度报告公示制度,深入推进示范社创建行动;引导农民以土地经营权入股合作社和龙头企业。

2016年中央一号文件指出,积极扶持农民发展休闲旅游业合作社;支持供销合作社创办领办农民合作社;鼓励发展股份合作;加强农民合作社示范社建设,支持合作社发展农产品加工流通和直供直销。

2017年中央一号文件指出,加强农民合作社规范化建设,积极发展生产、供销、信用"三位一体"综合合作;大力发展乡村休闲旅游产业,鼓励农村集体经济组织创办乡村旅游合作社,或与社会资本联办乡村旅游企业。

2018年中央一号文件指出,突出抓好家庭农场和农民合作社两类新型农业经营主体,开展农民合作社规范提升行动,深入推进示范合作社建设,建立健全支持家庭农场、农民合作社发展的政策体系和管理制度。

2019年中央一号文件指出,分别从完善财政税收政策、加强基础设施建设、改善金融信贷服务、扩大保险支持范围、鼓励拓展营销市场、支持人才培养引进等6个方面,对包括农民专业合作社在内的新型经营主体给予政策支持。

2020年中央一号文件指出,深入开展农民合作社规范提升行动,扎实推进农民合作社质量提升整县试点;打造一批农业产业化联合体,与小农户、家庭农场和农民专业合作社建立基地共建、资源共享的利益联结机制。

2021年中央一号文件指出,推进农民合作社质量提升,加大对运行规范的农民合作社扶持力度;深化供销合作社综合改革,开展生产、供销、信用"三位一体"综合合作试点,健全服务农民生产生活综合平台。

2022年中央一号文件指出,聚焦关键薄弱环节和小农户,加快发展农业社会化服务,支持农民合作社、基层供销合作社等各类主体大力发展单环节、多环节、全程生产托管服务,开展订单农业、加工物流、产品营销等,提高种粮综合效益。

2023年中央一号文件指出,实施新型农业经营主体提升行动,指导农民合作社加强规范管理;深入开展社企对接,推进示范社"四级联创",健全农民合作社规范管理长效机制;全面推行家庭农场"一码通"管理服务制度,推广应用"家庭农场随手记"记账软件,支持有条件的小农户成长为家庭农场、家庭农场组建农民合作社、合作社根据发展需要办企业。

第二节 农民专业合作社的扶持政策

一、建设项目扶持

《农民专业合作社法》第六十四条规定,国家支持发展农业和农村经济的建设项目,可以委托和安排有条件的农民专业合作社实施。

支持合作社承担相关涉农项目,是支持合作社发展的一项重要措施。只要是适合合作社承担的涉农建设项目,都应将合作社纳入申报范围,明确申报条件,涉农项目主管部门应当积极支持有条件的合作社参与涉农项目建设。目前,农业农村部蔬菜园艺作物标准园创建、畜禽规模化养殖场、水产健康养殖示范场创建、新一轮"菜篮子"工程、粮食高产创建、标准化示范项目、国家农业综合开发项目等相关涉农项目,已开始委托有条件的合作社承担。农业农村部、国家发展和改革委员会等部门对支持合作社承担相关涉农项目作了细化规定,主要有以下3个方面。

(一) 支持范围

支持农业生产、农业基础设施建设、农业装备保障能力建设和农村社会事业发展的有关财政资金项目和中央预算内投资项目,只要适合合作社承担的,均应当积极支持有条件的合作社承担。

(二) 支持条件

应当支持具备下列基本条件的合作社承担相关涉农项目:一是应当经依法登记取得营业执照;二是相关规章制度、财务管理制度等比较规范;三是经营状况和信用记录良好;四是具有承担相关项目的能力和条件。

(三) 支持方式

涉农项目主管部门在支持有条件的合作社承担相关涉农项目时,要根据项目性质,合理确定支持方式,支持方式主要包括:一是支持符合项目承担条件的合作社独立申报和承担项目建设;二是支持有关部门和单位把合作社纳入涉农项目实施单位范围。有关部门和地方应当根据《农民专业合作社法》的规定,出台支持合作社承担相关建设项目的具体规定,支持合作社更多更好地承担相关建设项目。

二、财政资金扶持

《农民专业合作社法》第六十五条规定,中央和地方财政应当分别安排资金,支持农民专业合作社开展信息、培训、农产品标准与认证、农业生产基础设施建设、市场营销和技术推广等服务。国家对革命老区、民族地区、边疆地区和贫困地区的农民专业合作社给予优先扶助。县级以上人民政府有关部门应当依法加强对财政补助资金使用情况的监督。

目前,我国合作社的经济实力还不强,自我积累能力较弱,有必要对合作社予以财政扶持,同时,合作社主要由农民组成,对合作社予以财政扶持,是扶持"三农"的重要方式。

(一)投入主体

包括中央财政和地方财政,中央财政和地方财政应当分别安排资金支持合作社的发展。例如,中央财政专项设立的农业综合开发资金,主要用于农田水利工程建设、土地平整、土壤改良、田间道路建设、防护林营造、牧区草场改良、优良品种、先进技术推广、种植、养殖基地建设、农业生产、农产品加工设备购置和厂房建设、农产品贮运保鲜、批发市场等流通设施建设、农业社会化服务体系建设等方面。

(二)扶持方向

支持合作社开展信息、培训、农产品标准与认证、农业生产基础设施建设、市场营销和技术推广等服务,主要目的是引导合作社规范运行,建立健全管理制度,提高发展能力。《农民专业合作社法》对财政扶持方向作了原则规定,实践中,需要根据财政资金的使用方向确定具体的支持事项。

(三)支持方式

根据中央有关文件和相关部门制定的具体规定,支持方式主要包括直接补贴、政府购买服务、定向委托、以奖代补等。其中,直接补贴和以奖代补的方式比较常见。

(四)对特殊地区合作社的扶持

这些特殊地区主要是革命老区、民族地区、边疆地区和贫困地区,这些地区有的交通不便,有的经济基础较差,有的自然条件恶劣,与其他地区的自然和经济条件相比有较大差距,有必要对这些地区的合作社予以优先扶持,以充分发挥这些地区合作社的带动作用。有关规范性文件已经对上述地区扶持问题作了规定，支持涉农专项资金、财政补助资金向这些地区倾斜，将这些地区的合作社列为优先扶持对象，对合作社带头人进行重点扶持。

(五) 对财政补助资金使用的监督

《农民专业合作社法》增加了对财政补助资金使用情况进行监督的规定，旨在加强对财政补助资金使用的监督，防止财政补助资金被冒领、挪用，提高财政补助资金使用的效益。有关部门要出台具体规定，对财政补助资金使用的条件、范围、申报、评审、违法责任等作出具体规定，强化对财政补助资金使用的监督，确保财政补助的每一分钱都产生最大的效益。

三、金融扶持

《农民专业合作社法》第六十六条规定，国家政策性金融机构应当采取多种形式，为农民专业合作社提供多渠道的资金支持。具体支持政策由国务院规定。国家鼓励商业性金融机构采取多种形式，为农民专业合作社及其成员提供金融服务。国家鼓励保险机构为农民专业合作社提供多种形式的农业保险服务。鼓励农民专业合作社依法开展互助保险。

合作社的成员主要由农民组成，有的成员在加入合作社时出资很少或者没有出资，缺乏资金是很多合作社在发展中面临的主要障碍，仅靠合作社自身实力往往难以在市场竞争中立足并发展壮大。调动金融机构对合作社予以金融支持，是缓解合作社资金约束的对症之策。

(一) 政策性金融机构的支持

政策性金融机构由政府或政府机构发起、出资设立，包括银行、信托、保险等，国家开发银行、中国进出口银行、中国农业发展银行是比较常见的政策性银行。其中,中国农业发展银行是专门服务于"三农"的政策性银行。这些政策性银行应当依照法律规定和党中央相关政策,为符合条件的合作社提供低息贷款、贴息贷款等融资服务。例如,中国农业发展银行对返乡人员开展适度规模经营,发展休闲农业、乡村旅游、农村电商等新兴产业积极予以金融支持;国家开发银行积极为合作社开展土地流转等提供优惠贷款。

(二) 商业性金融机构的支持

商业性金融机构按市场原则运作,在保证商业性金融机构信贷资金安全和必要经营利润的同时,应当根据国务院和有关部门的规定,支持、引导其向合作社提供融资服务,积极推动金融产品、利率、期限、额度、流程、风险控制等方面创新,满足合作社的金融需求,加大对耕地整理、农田水利、粮棉油糖高产创建、畜禽水产品标准化养殖、种养业良种生产等经营项目的支持力度,重点支持农业科技进步、现代种业、农机装备制造、设施农业、农产品精深加工等现代农业项目和高科技农业项目,支持农业社会化服务产业发展,支持农产品产地批发市场、零售市场、仓储物流设施、连锁零售等服务设施建设。

(三) 保险机构的支持

农业保险包括商业性保险和互助保险。应当积极引导商业性保险机构为合作社提供优质保险服务,根据国务院和有关部门的规定,发展农作物保险、主要畜产品保险、重要"菜篮子"品种保险和森林保险,推广农房、农机具、设施农业、渔业、制种保险等业务,稳步开展主要粮食作物、生猪和蔬菜价格保险试点,提高中央、省级财政对主要粮食作物保险的保费补贴比例。互助保险是国际上重要的保险组织形式之一,我国在这方面的起步较晚,目前正处于试点阶段,涉及的产业主要是种植业、养殖业、手工加工业等特色产业，应当鼓励有条件的地区探索符合实际的互助保险模式，以满足农民保险需求。

四、税收优惠

农民专业合作社具有独立的法人资格，可以依法享受国家支持农业发展的各项税收优惠措施。《农民专业合作社法》第六十七条规定，农民专业合作社享受国家规定的对农业生产、加工、流通、服务和其他涉农经济活动相应的税收优惠。根据这一规定，合作社享受的税收优惠主要包括以下5个方面。

（一）农业生产方面

根据《中华人民共和国企业所得税法实施条例》的规定，合作社从事蔬菜、谷物、薯类、油料、豆类、棉花、麻类、糖料、水果、坚果的种植，农作物新品种的选育，中药材的种植，林木的培育和种植，牲畜、家禽的饲养，林产品的采集，灌溉、农产品初加工、兽医、农技推广、农机作业和维修等农、林、牧、渔服务业项目，远洋捕捞，免征企业所得税；从事花卉、茶以及其他饮料作物和香料作物的种植，海水养殖、内陆养殖，减半征收企业所得税。

（二）农业加工方面

根据国家税务总局的规定，合作社对粮食、林木、蔬菜等种植业以及畜牧业、渔业等国家税务总局规定的农产品进行初加工服务，收取的加工费，可以按照产品初加工的免税项目处理。合作社将购入的农、林、牧、渔产品，在自有或者租用的场地进行育肥、育秧等再种植、养殖，经过一定的生长周期，使其生物形态发生变化，且并非由于本环节对农产品进行加工而明显增加了产品的使用价值的，可视为农产品的种植、养殖项目享受相应的税收优惠。

(三)农业流通方面

根据国务院和有关部门的规定,对以批发、零售方式销售的蔬菜免征增值税,经挑选、清洗、切分、晾晒、包装、脱水、冷藏、冷冻等工序的蔬菜,属于免征蔬菜范围。对从事批发、零售合作社销售鲜活肉蛋产品的,免征增值税。对合作社生产销售和批发、零售有机肥产品的,免征增值税。

(四)农业服务方面

根据国务院和有关部门的规定,对合作社销售本社成员生产的农业产品,视同农业生产者销售自产农业产品,免征增值税;对合作社向本社成员销售农膜、种子、种苗、化肥、农药、农机,免征增值税;对合作社与本社成员签订的农业产品和农业生产资料购销合同,免征印花税;农民采取转包、出租、互换、转让、入股等方式将承包地流转给合作社用于农业生产的,免征增值税。

(五)其他涉农经济活动方面

例如,对合作社从事农业机耕、排灌、病虫害防治、植保、农牧保险以及相关技术培训业务,家禽、牲畜、水生动物的配种和疾病防治,免征增值税。

五、用电用地优惠

对合作社给予用电用地优惠是修订后的《农民专业合作社法》新增加的规定,以进一步加大对合作社的扶持力度。《农民专业合作社法》第六十八条规定,农民专业合作社从事农产品初加工用电执行农业生产用电价格,农民专业合作社生产性配套辅助设施用地按农用地管理,具体办法由国务院有关部门规定。

(一)用电优惠

农民专业合作社从事农产品初加工用电执行农业生产用电价

格。农产品初加工是指对收获的各种农产品进行去籽、净化、分类、晒干、剥皮、沤软或大批包装以提供初级市场的服务活动。电价包括居民生活、农业生产、工商业及其他用电价格,不同类别的电价差别较大,农业生产用电价格一般为每度0.4元,居民生活用电价格一般为每度0.5~0.6元,工商业及其他用电价格一般为每度0.8~1.8元,农业生产用电价格是最低的。对合作社从事农产品初加工执行农业生产用电价格,可以有效降低合作社从事农业初加工的成本,提高生产效益。农产品初加工执行农业生产用电价格的具体范围,需要由有关部门和地方根据本部门或者本地区的实际作出规定。目前,一些地方对粮食、水果、蔬菜、纤维植物、药用植物、茶叶、烟叶等农产品初加工执行农业生产用电价格的范围作了细化规定。

(二) 用地优惠

合作社生产性配套辅助设施用地按农用地管理,不需要办理农用地转用审批手续,不需要交纳耕地占用税,生产经营结束后应当按照要求对土地进行复垦,这既可以减轻合作社的负担,也可以简化用地的手续。对于生产性配套辅助设施的范围,需要国务院有关部门作出具体规定。目前,有关部门出台了一些规定,对生产设施、附属设施和配套设施用地的范围作了具体明确。生产设施用地是指在设施农业项目区域内,直接用于农产品生产的设施用地,包括工厂化作物栽培中有钢架结构的玻璃或PC板连栋温室用地等;规模化养殖中畜禽舍、畜禽有机物处置等生产设施及绿化隔离带用地;水产养殖池塘、工厂化养殖池和进排水渠道等水产养殖的生产设施用地;育种育苗场所、简易的生产看护房用地等。附属设施用地是指直接用于设施农业项目的辅助生产的设施用地,包括设施农业生产中必需配套的检验检疫监测、动植物疫病虫害防控等技术设施以及必要管理用房用地;设施农业生产中必需配套的畜禽养殖粪便、污水等废弃物收集、存贮、处理等环保设施用地;生物质肥料生产设施用地;设施农业生产中所必需的设备、原料、农产品临时存贮、分拣包装场所用地;符合"农村道路"规定的场内道路等用地。配套设施用地是指合作社从事规模化粮食生产所必需的配套设施用地,包括晾晒场、粮食烘干设施、粮食和农资临时存放场所、大型农机具临时存放场所等用地。其他用地应当按建设用地进行管理:经营性粮食存贮、加工和农机农资存放、维修场所;以农业为依托的休闲观光度假场所、各类庄园、酒庄、农家乐;以及各类农业园区中涉及建设永久性餐饮、住宿、会议、大型停车场、工厂化农产品加工、展销等用地。有关部门要进一步加强对农用地的管理,既要保障符合条件的农民专业合作社依法充分享受到用地优惠,也要防止出现违法占用农用地的现象。

第三章 农民专业合作社设立

第一节 农民专业合作社设立的条件

依据《农民专业合作社法》的规定,设立农民专业合作社应当具备下列条件。

一、农民专业合作社成员

农民专业合作社的主体是广大农民,发动他们入社,扩大社员数量,是发展合作社的重要工作。

(一)农民专业合作社成员的要求

设立农民专业合作社,应有5名以上符合规定的成员。

《农民专业合作社法》规定,具有民事行为能力的公民,以及从事与农民专业合作社业务直接有关的生产经营活动的企业、事业单位或者社会组织,能够利用农民专业合作社提供的服务,承认并遵守农民专业合作社章程,履行章程规定的入社手续的,可以成为农民专业合作社的成员。但是,具有管理公共事务职能的单位不得加入农民专业合作社。

(二)农民专业合作社成员的构成

成员分为自然人和单位。自然人又分为农民和城镇居民,单位又分为企业和非企业单位,自然人以个人作为一名合作社成员,单位以整体作为一名合作社成员。《农民专业合作社法》规定,农民专业合作社的成员中,农民至少应当占成员总数的80%。成员总数20人以下的,可以有一个企业、事业单位或者社会组织成员;成员总数超过20人的,企业、事业单位和社会组织成员不得超过成员总数的5%。

(三) 农民专业合作社成员的权利和义务

1. 农民专业合作社成员享有的权利

(1) 参加成员大会,并享有表决权、选举权和被选举权,按照章程规定对本社实行民主管理。

(2) 利用本社提供的服务和生产经营设施。

(3) 按照章程规定或者成员大会决议分享盈余。

(4) 查阅本社的章程、成员名册、成员大会或者成员代表大会记录、理事会会议决议、监事会会议决议、财务会计报告、会计账簿和财务审计报告。

(5) 章程规定的其他权利。

2. 农民专业合作社成员承担的义务

(1) 执行成员大会、成员代表大会和理事会的决议。

(2) 按照章程规定向本社出资。

(3) 按照章程规定与本社进行交易。

(4) 按照章程规定承担亏损。

(5) 章程规定的其他义务。

二、制定章程

设立农民专业合作社,应有符合《农民专业合作社法》规定的章程。

(一) 制定合作社章程的意义

农民专业合作社章程是在遵循国家法律法规、政策规定的条件下,由全体成员制定的,并由全体成员共同遵守的行为准则。农民专业合作社章程的制定是设立农民专业合作社的必备条件和必经程序，也是其自治特征的重要体现，在合作社的运行中具有极其重要的作用。首先，章程规定了某个合作社的具体制度，这些制定不仅涉及每个成员的权利与义务，更是决定了一个合作社是否能够生存与实现发展这一重大问题。其次，章程有公示作用，有利于债权人、社会公众、政府等利益相关方对合作社的了解，有利于农民专业合作社接受外界的监督和服务。此外，制定章程和按照章程兴办合作社是合作社享受国家有关优惠政策的一项重要依据。因此，制定好章程，并按照章程办事，是办好一个合作社的关键。

（二）农民专业合作社章程的内容

按照《农民专业合作社法》的规定，农民专业合作社章程应当载明下列事项。

（1）名称和住所。

（2）业务范围。

（3）成员资格及入社、退社和除名。

（4）成员的权利和义务。

（5）组织机构及其产生办法、职权、任期、议事规则。

（6）成员的出资方式、出资额，成员出资的转让、继承、担保。

（7）财务管理和盈余分配、亏损处理。

（8）章程修改程序。

（9）解散事由和清算办法。

（10）公告事项及发布方式。

（11）附加表决权的设立、行使方式和行使范围。

（12）需要载明的其他事项。

（三）制定章程的注意事项

在制定章程的时候，不仅要参照《农民专业合作社示范章

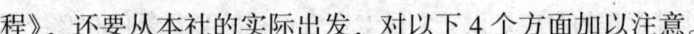

程》，还要从本社的实际出发，对以下4个方面加以注意。

（1）以遵守法律法规为原则。章程的内容必须要符合相关的法律法规，如果与之矛盾则章程无效，而且还会给合作社的发展、成员的利益带来负面影响。

（2）充分发扬民主。章程的制定必须发扬民主，由全体成员共同讨论形成。章程应当是全体设立人真实意思的表示。在制定过程中，每个设立人必须充分发表自己的意见，每条每款必须取得一致。只有充分发扬民主制定出来的章程，才能对每个成员起到约束作用，才能很好地得到遵循，也才能调动各方面参与合作社的管理与发展的积极性。

（3）内容力求完善。合作社章程在制定过程中，要对相应的事项尽量规定详细，这样才可以在以后出现问题时有章可循，防止一个人说了算的现象发生。强调合作社章程的完善，并不是要求事无巨细地作出规定，而是就重大事项进行原则性规定。同时，章程的完善也有一个过程，可以在发展中逐步完善。

（4）按法定程序制定和修改章程。为保障全体设立人在对章程认可上的真实性，应当采用书面形式，由每个设立人在章程上签名、盖章。章程在合作社的存续期内不是一成不变的，是可以逐步完善的，但是，修改章程是要经由成员大会作出修改章程的决议。

（四）合作社章程的贯彻与执行

章程作为农民专业合作社依法制定的重要的规范性文件，作为农民专业合作社的组织和行为基本准则的规定，对理事长、理事会成员、执行监事或者监事会成员等合作社的所有成员都具有约束力，必须严格遵守执行。

合作社的章程一般是原则性规定。在合作社的兴办过程中，还可以根据发展的实际需要，制定若干个专项管理制度，对某个方面的事项作出具体规定，进而把章程的规定进一步细化和落到实处。一般而言，合作社可以制定成员大会、成员代表大会、理事会、监事会的议事规则，管理人员、工作人员岗位责任制度，劳动人事制度，产品购销制度，产品质量安全制度，集体资产管理和使用制度。这些制度的制定，有的需要由理事会研究决定，有的还需要成员大会研究通过，并向成员公示，以便成员监督执行。

需要指出的是，章程作为农民专业合作社的内部规章，其效力仅限于本社和相关当事人。章程是法律以外的行为规范，由农民专业合作社自己来执行，无须国家强制力保证实施，当出现违反章程的行为时，只要该行为不违反法律，就由农民专业合作社自行解决。

三、设置组织机构

设立农民专业合作社，应有符合《农民专业合作社法》规定的组织机构。

（一）权力机构——成员大会

成员大会是由全体成员组成的，农民专业合作社成员超过150人的，可设立成员代表大会。

农民专业合作社召开成员大会，出席人数应当达到成员总数2/3以上。

成员大会选举或者作出决议，应当由本社成员表决权总数过半数通过；作出修改章程或者合并、分立、解散，以及设立、加入联合社的决议应当由本社成员表决权总数的2/3以上通过。

（二）执行机构——理事会

农民专业合作社设理事长一名，可以设理事会。理事长为本社的法定代表人。

理事会会议的表决,实行一人一票。重大事项集体讨论,并经2/3以上理事同意方可形成决定。理事个人对某项决议有不同意见时,其意见记入会议记录并签名。理事会会议邀请执行监事或者监事长、经理和若干成员代表列席,列席者无表决权。

(三) 监督机构——执行监事或监事会

农民专业合作社可以设执行监事或者监事会。理事长、理事、经理和财务会计人员不得兼任监事。

理事长、理事、执行监事或者监事会成员,由成员大会从本社成员中选举产生,依照本法和章程的规定行使职权,对成员大会负责。监事会会议的表决,实行一人一票。

四、确定名称和住所

设立农民专业合作社,应有符合法律、行政法规规定的名称和章程确定的住所。

(一) 农民专业合作社的名称

农民专业合作社的名称指合作社用以相互区别的固定称呼,是合作社人格特定化的标志,也是合作社设立、登记并开展经营活动的必要条件。一般来说,农民专业合作社的名称可以由行政区划、字号、行业性质、"专业合作社"字样依次组成。例如,天津绿缘食用菌专业合作社、广东省鹤山市盛农种养专业合作社。

农民专业合作社依法享有名称权,并以自己的名义从事生产经营活动,其名称受到相关法律保护,任何单位和个人不得侵犯。农民专业合作社只准使用一个名称,在登记机关辖区内不得与登记注册的同行业农民专业合作社名称相同。

(二) 合作社的住所

住所是指法律上确认的合作社的主要经营场所,它是注册登记的事项之一。如果在经营过程中住所发生变更,必须再次办理变更登记。经工商部门登记的住所只有一个,住所的选址可以是专门的办公场所,也可以是某个成员的家庭住址,但必须是所在登记机关辖区范围内。

五、成员出资

设立农民专业合作社,应由符合章程规定的成员出资。

农民专业合作社成员可以用货币出资,也可以用实物、知识产权、土地经营权、林权等可以用货币估价并可以依法转让的非货币财产,以及章程规定的其他方式作价出资;但是,法律、行政法规规定不得作为出资的财产除外。

成员以非货币方式出资的,由全体成员评估作价。以非货币方式作价出资的成员与以货币方式出资的成员享受同等权利,承担相同义务,成员出资经审核同意后可以转让给本社其他成员,合作社按实际出资向本社成员颁发成员证书,并载明成员的出资额。

农民专业合作社成员不得以对该社或者其他成员的债权,充抵出资;不得以缴纳的出资,抵销对该社或者其他成员的债务。

第二节 农民专业合作社设立的流程

农民专业合作社设立的条件成熟后,即可由全体设立人指定的代表或者委托的代理人向登记机关提交材料,进行注册登记。

一、提交材料

申请设立农民专业合作社，应当由全体设立人指定的代表或者委托的代理人向登记机关提交下列文件。

（一）登记申请书

登记申请书，如表 3-1 所示。

表 3-1　农民专业合作社登记申请书

名　称			
备选名称 （请选用不同字号）	1.		
	2.		
住　所			
	邮政编码		联系电话
成员出资总额			
业务范围			
法定代表人姓名			
成员总数：＿＿＿＿＿＿＿＿＿＿＿＿＿＿＿＿＿＿（名） 其中：农民成员：＿＿＿＿＿＿＿＿＿＿（名）所占比例：＿＿＿＿＿％ 企业、事业单位或社会团体成员：＿＿＿＿（名）所占比例：＿＿＿％			
本农民专业合作社依照《中华人民共和国农民专业合作社法》《中华人民共和国农民专业合作社登记管理条例》设立，提交文件材料真实有效。谨对真实性承担责任。 　　法定代表人签名： 　　　年　　　月　　　日			

填写农民专业合作社登记申请书须知。

（1）农民专业合作社名称依次由行政区划、字号、行业性质、组织形式组成。名称中的行政区划是指农民专业合作社住所所在地的县级以上（包括市辖区）行政区划名称。名称中的字号应当由2个以上的汉字组成，可以使用农民专业合作社成员的姓名作字号，不得使用县级以上行政区划名称作字号。名称中的行业用语应当反映农民专业合作社的业务范围或者经营特点。名称中的组织形式应当标明"专业合作社"字样。

（2）填写住所应当标明住所所在县（市、区）、乡（镇）及村、街道的门牌号码。

（3）农民专业合作社申请登记的业务范围中有法律、行政法规和国务院决定规定必须在登记前报经批准的项目，应当提交有关的许可证书或者批准文件复印件。

（4）农民专业合作社设立时自愿成为该社成员的人为设立人。

（5）提交文件、证件复印件应当使用A4纸。

（6）应当使用钢笔、毛笔或签字笔工整地填写表格或签名。

（7）以上需设立人或出资成员签署的，设立人或出资成员为自然人的由本人签名；自然人以外的设立人加盖公章。

（二）全体设立人签名、盖章的设立大会纪要

农民专业合作社设立大会纪要（表3-2）由全体设立人签名、盖章。设立人为自然人的，由其签名；设立人为企业、事业单位或者社会团体成员的，由单位盖公章。

表3-2　农民专业合作社设立大会纪要

_____专业合作社设立大会纪要
（参考范本）

根据《中华人民共和国农民专业合作社法》和有关法律、法规、政策，由_____等____成员发起设立农民专业合作社。本社于____年____月____日召开设立大会，所作出决议经全体发起人表决一致通过。决议事项如下：
1. 同意设立_____专业合作社。
2. 同意通过本专业合作社章程（由全体设立人签名或盖章）。
3. 同意本专业合作社住所为：_____。
4. 同意本合作社业务范围为：_____。
5. 同意本合作社成员出资总额为：_____元。（成员具体出资情况见出资清单）
6. 同意选举_____为理事长（法定代表人）；选举_____为副理事长；选举_____、_____为理事；选举_____、_____、_____为监事。
7. 同意_____、_____等_____人成为本合作社的成员。（具体名单见成员名册）
8. ……
【注：逐项列明决议事项，删除不涉及的事项】
9. 同意指定（委托）_____为全体成员指定代表（共同委托代理人）到工商部门办理合作社设立登记手续。
全体设立人：（签名或盖章）
　　　　　　　　　　　　　　　　　　　　　　　　年　月　日

（三）全体设立人签名、盖章的章程

为切实贯彻落实新修订的《农民专业合作社法》，准确体现法律修订的目的，更好发挥农民专业合作社章程的作用，为扩大农民专业合作社制定符合法律要求和自身特点的章程提供参照和遵循，农业农村部于2018年12月发布了修订后的《农民专业合作社示范章程》。

（四）法定代表人、理事的任职文件及身份证明

法定代表人、理事的任职文件及身份证明，如表3-3、表3-4所示。

第三章 农民专业合作社设立

表 3-3 任命书

任 命 书
根据本社设立大会决议，任命＿＿＿＿＿＿为本社法定代表人。任命＿＿＿＿＿＿为本社理事会理事。 　　　　　　　　　　　　　　　　　　　设立人签名（盖章）： 　　　　　　　　　　　　　　　　　　　年　月　日

表 3-4 身份证明

姓　名		联系电话	
现住所		邮政编码	
居民身份证号码			
（身份证复印件粘贴处）			

　　《中华人民共和国农民专业合作社法》第三十七条规定："农民专业合作社的理事长、理事、经理不得兼任业务性质相同的其他农民专业合作社的理事长、理事、监事、经理。"第三十八条规定："执行与农民专业合作社业务有关公务的人员，不得担任农民专业合作社的理事长、理事、监事、经理或者财务会计人员。"
　　本人符合《中华人民共和国农民专业合作社法》第三十七条、第三十八条的规定，并对此承诺的真实性承担责任。
　　签字（盖章）：
　　年　　月　　日

（五）出资成员签名、盖章的出资清单

　　只要有出资成员签名、盖章即可，无须其他机构的验资证明。出资清单格式如表 3-5 所示。

表 3-5 出资清单

项目 序号	出资成员姓名或名称	出资方式	出资额（元）	出资成员签名或盖章

成员出资总额：_____（元）
法定代表人签名：

年　　月　　日

填写农民专业合作社成员出资清单须知。

(1) 出资方式：农民专业合作社成员以货币作为出资的填写"货币"。以实物、知识产权等可以用货币估价并可以依法转让的非货币财产作为出资的，填写非货币财产的具体种类，如房屋、农业机械、注册商标等。

(2) 出资额是成员以货币出资的数额，或者成员以非货币财产出资由全体成员评估作价的货币数额。

(3) 出资成员是自然人的由其签名，是单位的由其盖章。单位盖章可以加盖在出资清单的空白处。

(4) 因出资成员多出资清单写不下的，可另备页面载明。

(5) 应当使用钢笔、毛笔或签字笔工整地填写表格和签名。

(六) 住所使用证明

农民专业合作社以成员自有场所作为住所的,应当提交该社有权使用的证明和场所的产权证明;租用他人场所的,应当提交租赁协议和场所的产权证明;因场所在农村没有房管部门颁发的产权证明的,可提交场所所在地村委会出具的证明。

(七) 法律、行政法规规定的其他文件

法律、行政法规规定的其他文件,如指定代表或委托代理人的证明、农民专业合作社名称预先核准申请表等。此外,农民专业合作社的业务范围有属于法律、行政法规或者国务院规定在登记前须经批准的项目的,如农药生产经营、种畜禽生产经营等,应当提交有关批准文件。

二、领取营业执照

登记机关应当自受理登记申请之日起 20 日内办理完毕,向符合登记条件的申请者颁发营业执照,登记类型为农民专业合作社。申请者可以按照相应的日期领取营业执照。

三、刻印公章

农民专业合作社营业执照下发后,到公安机关(或行政许可大厅公安特许窗口),依据《公安部印章管理办法》提交农民专业合作社法人营业执照复印件、法人代表身份证复印件、经办人身份证复印件等材料后刻印公章。目前专业合作社需要的公章有行政章、财务专用章、法人代表章共 3 枚。

四、银行开户

公章刻印后,到任意一家商业银行(一般是农村信用社或农业银行),依据《银行账户管理办法》提交合作社法人营业

执照及其复印件、法定代表人的身份证及其复印件、经办人员身份证明原件、相关授权文件办理账号和账户，以及电子结算密钥等。

五、政府机关备案

办理完银行手续后，需要到所在地乡镇政府的农业经济办公室办理登记，登记时需要携带营业执照、合作社简介（简介注明：理事长名字、电话、合作社办公地址、邮箱）等资料；最后要到市场监督部门备案，备案时需要提交法人营业执照复印件、组织机构代码证书复印件、农民专业合作社法人代表身份证复印件、税务登记证正副本复印件等资料。

农民专业合作社示范章程

本示范章程中的【】内文字部分为解释性规定。农民专业合作社在遵守有关法律法规的前提下,可根据自身实际情况,参照本示范章程制订和修正本社章程。

_____专业合作社章程

【____年____月____日召开设立大会,由全体设立人一致通过。____年____月____日召开成员大会第____次修订通过。】

第一章　总　则

第一条　为促进本社规范运行和持续发展,保护本社及成员的合法权益,增加成员收入,增进成员福利,依照《中华人民共和国农民专业合作社法》和有关法律、法规、政策,制定本章程。

第二条　本社由_____【注:列出全部发起人姓名或名称】等____人发起,于____年____月____日召开设立大会。

本社名称:_____专业合作社,成员出资总额_____元,其中,货币出资额_____元,非货币出资额_____元【注:如有非货币出资请按具体出资内容分别注明,如以土地经营权作价出资＊＊元】。

单个成员出资占比不得超过本社成员出资总额的百分之____。

本社法定代表人:_____【注:理事长姓名】。

本社住所：_____，邮政编码：_____。

第三条 本社以服务成员、谋求全体成员的共同利益为宗旨。成员入社自愿，退社自由，地位平等，民主管理，实行自主经营，自负盈亏，利益共享，风险共担，可分配盈余主要按照成员与本社的交易量（额）比例返还。

第四条 本社以成员为主要服务对象，依法开展以下业务：

（一）农业生产资料的购买、使用；

（二）农产品的生产、销售、加工、运输、贮藏及其他相关服务；

（三）农村民间工艺及制品、休闲农业和乡村旅游资源的开发经营；

（四）与农业生产经营有关的技术、信息、设施建设运营等服务。

【注：根据实际情况填写。上述内容应与市场监督管理部门颁发的农民专业合作社法人营业执照规定的业务范围一致。】

第五条 经成员（代表）大会讨论并决议通过，本社依法发起设立或自愿加入_____农民专业合作社联合社。

第六条 依法向_____公司等企业投资；依法投资兴办_____公司。

第七条 经成员（代表）大会讨论并决议通过，本社可以接受与本社业务有关的单位委托，办理代购代销等服务；可以向政府有关部门申请或者接受政府有关部门委托，组织实施国家支持发展农业和农村经济的建设项目；可以按决定的数额和方式参加社会公益捐赠。

第八条 本社及全体成员遵守法律、社会公德和商业道德，依法开展生产经营活动。本社不从事与章程规定无关的活动。

第九条 本社对由成员出资、公积金、国家财政直接补助、

第三章 农民专业合作社设立

他人捐赠以及合法取得的其他资产所形成的财产,享有占有、使用和处分的权利,并以上述财产对债务承担责任。

第十条 本社为每个成员设立成员账户,主要记载该成员的出资方式、出资额、量化为该成员的公积金份额以及该成员与本社的业务交易量(额)。

本社成员以其成员账户内记载的出资额和公积金份额为限对本社承担责任。

第二章 成　员

第十一条 具有民事行为能力的公民,从事与＿＿＿＿＿＿【注:业务范围内的主业农副产品名称】业务直接有关的生产经营,能够利用并接受本社提供的服务,承认并遵守本章程,履行本章程规定的入社手续的,可申请成为本社成员。从事与本社＿＿＿＿＿＿业务直接有关的生产经营活动的企业、事业单位或者社会组织可申请成为本社成员【注:农民专业合作社可以根据自身发展的实际情况决定是否吸收团体成员】。具有管理公共事务职能的单位不得加入本社。本社成员中,农民成员至少占成员总数的百分之八十。【注:农民专业合作社章程可自主确定入社成员的生产经营规模或经营服务能力等其他条件】

第十二条 凡符合第十一条规定,向本社理事长或者理事会提交书面入社申请,经成员大会或者成员代表大会表决通过后,即成为本社成员。

第十三条 本社向成员颁发成员证书,并载明成员的出资额。成员证书同时加盖本社财务印章和理事长印鉴。

第十四条 本社成员享有下列权利:

(一)参加成员大会,并享有表决权、选举权和被选举权,按照本章程规定对本社实行民主管理；

（二）利用本社提供的服务和生产经营设施；

（三）按照本章程规定分享本社盈余；

（四）查阅本社章程、成员名册、成员大会或者成员代表大会记录、理事会会议决议、监事会会议决议、财务会计报告、会计账簿和财务审计报告；

（五）对本社理事长、理事、执行监事（监事长）、监事的工作提出质询、批评和建议；

（六）提议召开临时成员大会；

（七）提出书面退社申请，依照本章程规定程序退出本社；

（八）按照本章程规定向本社其他成员转让出资，成员账户内的出资额和公积金份额可依法继承；

（九）成员（代表）大会对拟除名成员表决前，拟被除名成员有陈述意见的机会；

（十）成员共同议决的其他权利。

第十五条 本社成员（代表）大会选举和表决，实行一人一票制，成员各享有一票基本表决权。

出资额占本社成员出资总额百分之____以上或者与本社业务交易量（额）占本社总交易量（额）百分之____以上的成员，在本社_____等事项【注：如设立或加入农民专业合作社联合社、重大财产处置、投资兴办经济实体、对外担保和生产经营活动中的其他事项】决策方面，最多享有____票的附加表决权。【注：可对每类事项规定享有附加表决权的成员条件及享有附加表决权的单个成员可能享有的附加表决权的票数。】本社成员附加表决权总票数，依法不得超过本社成员基本表决权总票数的百分之二十。享有附加表决权的成员及其享有的附加表决权数，在每次成员大会召开时告知出席会议的成员。

第三章 农民专业合作社设立

第十六条 本社成员承担下列义务：

（一）遵守本社章程和各项规章制度，执行成员（代表）大会和理事会的决议；

（二）按照章程规定向本社出资；

（三）积极参加本社各项业务活动，接受本社提供的技术指导，按照本社规定的质量标准和生产技术规程从事生产，履行与本社签订的业务合同，发扬互助协作精神，谋求共同发展；

（四）维护本社合法利益，爱护生产经营设施；

（五）不从事损害本社及成员共同利益的活动；

（六）不得以其对本社或者本社其他成员的债权，抵销已认购但尚未缴清的出资额；不得以已缴纳的出资，抵销其对本社或者本社其他成员的债务；

（七）承担本社的亏损；

（八）成员共同议决的其他义务。

第十七条 成员有下列情形之一的，终止其成员资格：

（一）要求退社的；

（二）丧失民事行为能力的；

（三）死亡的；

（四）企业、事业单位或社会组织成员破产、解散的；

（五）被本社除名的。

第十八条 成员要求退社的，须在会计年度终了的＿＿＿个月前【注：不得低于三个月】向理事会提出书面声明，办理退社手续；其中，企业、事业单位或社会组织成员退社的，须在会计年度终了的＿＿＿个月前【注：不得低于六个月】提出。退社成员的成员资格自该会计年度终了时终止。

第十九条 成员资格终止的，在完成该年度决算后＿＿＿个月内【注：不应超过三个月】，退还记载在该成员账户内的出资额和公积金份额。如本社经营盈余，按照本章程规定返还其相应的盈余；如本社经营有亏损和债务，扣除其应分摊的亏损金额及债务金额。

成员在其资格终止前与本社已订立的业务合同应当继续履行【注：或依照退社时与本社的约定确定】。

第二十条　成员死亡的，其法定继承人符合法律及本章程规定的入社条件的，可以在____个月内向理事长或者理事会提出书面入社申请，经成员（代表）大会表决通过后，成为本社成员，办理入社手续，依法继承被继承人与本社的债权债务。成员大会或者成员代表大会不同意其法定继承人继承成员资格的，原成员资格因死亡而终止，其成员账户中记载的出资额、公积金份额由其继承人依《中华人民共和国继承法》[①] 规定继承。

第二十一条　成员有下列情形之一的，经成员（代表）大会表决通过，予以除名：

（一）不遵守本社章程、成员（代表）大会的决议；

（二）严重危害其他成员及本社利益的；

（三）成员共同议决的其他情形。

成员（代表）大会表决前，允许被除名成员陈述意见。

第二十二条　被除名成员的成员资格自会计年度终了时终止。本社对被除名成员，退还记载在该成员账户内的出资额和公积金份额，结清其应承担的本社亏损及债务，返还其相应的盈余所得。因第二十一条第二项被除名的成员须对本社作出相应赔偿。

[①]《中华人民共和国继承法》已废止，自2021年1月1日起施行《中华人民共和国民法典》继承编。

第三章 组织机构

第二十三条 成员大会是本社的最高权力机构，由全体成员组成。

成员大会行使下列职权：

（一）审议、修改本社章程和各项规章制度；

（二）选举和罢免理事长、理事、执行监事或者监事会成员；

（三）决定成员入社、退社、继承、除名、奖励、处分等事项；

（四）决定成员出资增加或者减少；

（五）审议本社的发展规划和年度业务经营计划；

（六）审议批准年度财务预算和决算方案；

（七）审议批准年度盈余分配方案和亏损处理方案；

（八）审议批准理事会、执行监事或者监事会提交的年度业务报告；

（九）决定重大财产处置、对外投资、对外担保和生产经营活动中的其他重大事项；

（十）对合并、分立、解散、清算以及设立、加入联合社等作出决议；

（十一）决定聘用经营管理人员和专业技术人员的数量、资格和任期；

（十二）听取理事长或者理事会关于成员变动情况的报告；

（十三）决定公积金的提取及使用；

（十四）决定是否设立成员代表大会；

（十五）决定其他重大事项。

第二十四条 本社成员超过一百五十人时，设立成员代表大会，成员代表人数一般为成员总人数的百分之十。本社成员代表为____人。成员代表大会履行本章程第二十三条第____项至第____项规定的成员大会职权。成员代表任期____年，可以连选连任。【注：成员总数超过一百五十人的农民专业合作社可以根据自身发展的实际情况决定是否设立成员代表大会，成员代表最低人数为五十一人。】

第二十五条 本社每年召开____次成员大会【注：每年至少召开一次成员大会】，成员大会由_____【注：理事长或者理事会】负责召集，并在成员大会召开之日前十五日向本社全体成员通报会议内容。

第二十六条 有下列情形之一的，本社在二十日内召开临时成员大会：

（一）百分之三十以上的成员提议；

（二）监事会【注：或者执行监事】提议；

（三）理事会提议；

（四）成员共同议决的其他情形。

理事长【注：或者理事会】不能履行或者在规定期限内没有正当理由不履行召集临时成员大会职责的，监事会【注：或者执行监事】在____日内召集并主持临时成员大会。

第二十七条 成员大会须有本社成员总数的三分之二以上出席方可召开。成员因故不能参加成员大会，可以书面委托其他成员代理发言、表决。一名成员最多只能代理____名成员。

成员大会选举或者作出决议，须经本社成员表决权总数过半数通过；对修改本社章程，增加或者减少成员出资，合并、分立、解散，设立或加入联合社等重大事项作出决议的，须经本社成员表决权总数的三分之二以上通过【注：可以根据实际情况设

第三章 农民专业合作社设立

置更高表决权比例】。

第二十八条 本社设理事长一名，为本社的法定代表人。理事长任期____年，可连选连任。

理事长行使下列职权：

（一）主持成员大会，召集并主持理事会会议；

（二）签署本社成员出资证明；

（三）组织编制年度业务报告、盈余分配方案、亏损处理报告、财务会计报告；

（四）签署聘任或者解聘本社经理、财务会计人员和其他专业技术人员聘书；

（五）组织实施成员大会、成员代表大会和理事会决议，检查决议实施情况；

（六）代表本社签订合同等；

（七）代表本社参加其所加入的联合社的成员大会；

（八）履行成员大会授予的其他职权。

【注：不设理事会的理事长职权参照本条款及理事会职权】

第二十九条 本社设理事会，对成员大会负责，由____名成员组成【注：理事会成员人数为单数，最少三人】，设副理事长____人。理事会成员任期____年，可连选连任。

理事会行使下列职权：

（一）召集成员（代表）大会并报告工作，执行成员（代表）大会决议；

（二）制订本社发展规划、年度业务经营计划、内部管理规章制度等，提交成员（代表）大会审议；

（三）制定年度财务预决算、盈余分配和亏损弥补等方案，提交成员（代表）大会审议；

（四）决定聘用经营管理人员和专业技术人员的报酬；

（五）组织开展成员培训和各种协作活动；

（六）管理本社的资产和财务，维护本社的财产安全；

（七）接受、答复、处理本社成员、监事会【注：或者执行监事】提出的有关质询和建议；

（八）接受入社申请，提交成员（代表）大会审议；

（九）决定聘任或者解聘本社经理、财务会计人员和其他专业技术人员；

（十）履行成员大会授予的其他职权。

第三十条 理事会会议的表决，实行一人一票。重大事项集体讨论，并经三分之二以上理事同意，方可形成决定，作成会议记录，出席会议的理事在会议记录上签名。理事个人对某项决议有不同意见时，其意见载入会议记录并签名。理事会会议可邀请监事长【注：或者执行监事】、经理和____名成员代表列席，列席者无表决权。

第三十一条 本社设执行监事一名，代表全体成员监督检查理事会和工作人员的工作。执行监事列席理事会会议，并对理事会决议事项提出质询或建议。【注：不设监事会的执行监事职权参照监事会职权】

第三十二条 本社设监事会，由____名监事组成【注：监事会成员人数为单数，最少三人】，设监事长一人，代表全体成员监督检查理事会和工作人员的工作。监事长和监事会成员任期____年，可连选连任。监事长列席理事会会议，并对理事会决议事项提出质询或建议。

监事会行使下列职权：

（一）监督理事会对成员大会决议和本社章程的执行情况；

（二）监督检查本社的生产经营业务情况，负责本社财务审核监察工作；

(三) 监督理事长或者理事会成员和经理履行职责情况;

(四) 向成员大会提出年度监察报告;

(五) 向理事长或者理事会提出工作质询和改进工作的建议;

(六) 提议召开临时成员大会;

(七) 履行成员大会授予的其他职责。

第三十三条 监事会会议由监事长召集,会议决议以书面形式通知理事会。理事会在接到通知后____日内就有关质询作出答复。

第三十四条 监事会会议的表决实行一人一票。监事会会议须有三分之二以上的监事出席方能召开,作成会议记录,出席会议的监事在会议记录上签名。重大事项的决议须经三分之二以上监事同意方能生效。监事个人对某项决议有不同意见时,其意见载入会议记录并签名。

第三十五条 本社经理由理事会【注:或者理事长】按照成员大会的决定聘任或者解聘,对理事会【注:或者理事长】负责,行使下列职权:

(一) 主持本社的生产经营工作,组织实施理事会决议;

(二) 组织实施年度生产经营计划和投资方案;

(三) 拟订经营管理制度;

(四) 聘任其他经营管理人员;

(五) 理事会授予的其他职权。

本社理事长或者理事可以兼任经理。

第三十六条 本社现任理事长、理事、经理和财务会计人员不得兼任监事。

第三十七条 本社理事长、理事和管理人员不得有下列行为:

（一）侵占、挪用或者私分本社资产；

（二）违反章程规定或者未经成员大会同意，将本社资金借贷给他人或者以本社资产为他人提供担保；

（三）接受他人与本社交易的佣金归为己有；

（四）从事损害本社经济利益的其他活动；

（五）兼任业务性质相同的其他农民专业合作社的理事长、理事、监事、经理。

理事长、理事和管理人员违反前款第（一）项至第（四）项规定所得的收入，归本社所有；给本社造成损失的，须承担赔偿责任。

第四章 财务管理

第三十八条 本社实行独立的财务管理和会计核算，严格执行国务院财政部门制定的农民专业合作社财务会计制度。

第三十九条 本社依照有关法律、行政法规和政府有关主管部门的规定，建立健全财务和会计制度，实行财务定期公开制度，每月＿＿日【注：或者每季度第＿＿月＿＿日】向本社成员公开会计信息，接受成员的监督。

本社财务会计人员应当具备从事会计工作所需要的专业能力，会计和出纳互不兼任。理事会、监事会成员及其直系亲属不得担任本社的财务会计人员。

第四十条 本社与成员和非成员的交易实行分别核算。成员与本社的所有业务交易，实名记载于各该成员的成员账户中，作为按交易量（额）进行可分配盈余返还分配的依据。利用本社提供服务的非成员与本社的所有业务交易，实行单独记账。

第四十一条 会计年度终了时，由理事会【注：或者理事长】按照本章程规定，组织编制本社年度业务报告、盈余分配方案、亏损处理方案以及财务会计报告，于成员大会召开十五日前，置备于办公地点，供成员查阅并接受成员的质询。

第四十二条　本社资金来源包括以下几项：

（一）成员出资；

（二）每个会计年度从盈余中提取的公积金、公益金；

（三）未分配收益；

（四）国家财政补助资金；

（五）他人捐赠款；

（六）其他资金。

第四十三条　本社成员可以用货币出资，也可以用库房、加工设备、运输设备、农机具、农产品等实物、知识产权、土地经营权、林权等可以用货币估价并可以依法转让的非货币财产，以及_____【注：如还有其他方式，请注明】等方式作价出资，但不得以劳务、信用、自然人姓名、商誉、特许经营权或者设定担保的财产等作价出资。成员以非货币方式出资的，由全体成员评估作价或由第三方机构评估作价、全体成员一致认可。

成员以家庭承包的土地经营权出资入社的，应当经承包农户全体成员同意。通过租赁方式取得土地经营权或者林权的，对合作社出资须取得原承包权人的书面同意。

第四十四条　本社成员认缴的出资额，须在____个月内缴清。

第四十五条　以货币方式出资的出资期限为____年，以非货币方式作价出资【注：注明具体出资方式，如以土地经营权作价出资】的出资期限为____年。

第四十六条　以非货币方式作价出资的成员与以货币方式出资的成员享受同等权利，承担同等义务。

经理事会【注：或者理事长】审核，成员大会讨论通过，成员出资可以转让给本社其他成员。

本社成员不得【注：或者可以，根据实际情况选择】以其依法可以转让的出资设定担保。

第四十七条　为实现本社及全体成员的发展目标需要调整成员出资时，经成员大会讨论通过，形成决议，每个成员须按照成员大会决议的方式和金额调整成员出资。

第四十八条　本社从当年盈余中提取百分之＿＿＿的公积金，用于扩大生产经营、弥补亏损或者转为成员出资。

本社每年提取的公积金，按照成员与本社业务交易量（额）【注：或者出资额，也可以二者相结合】依比例量化为每个成员所有的份额。

第四十九条　本社从当年盈余中提取百分之＿＿＿的公益金，用于成员的技术培训、合作社知识教育以及文化、福利事业和生活上的互助互济。其中，用于成员技术培训与合作社知识教育的比例不少于公益金数额的百分之＿＿＿。

第五十条　本社接受的国家财政直接补助和他人捐赠，均按国务院财政部门制定的农民专业合作社财务会计制度规定的方法确定的金额入账，作为本社的资金（资产），按照规定用途和捐赠者意愿用于本社的发展。在解散、破产清算时，由国家财政直接补助形成的财产，不得作为可分配剩余资产分配给成员，处置办法按照国务院财政部门有关规定执行；接受他人的捐赠，与捐赠者另有约定的，按约定办法处置。

第五十一条　当年扣除生产经营和管理服务成本，弥补亏损、提取公积金和公益金后的可分配盈余，主要按照成员与本社的交易量（额）比例返还，经成员大会决议，按照下列顺序分配：

(一)按成员与本社的业务交易量(额)比例返还,返还总额不低于可分配盈余的百分之六十【注:依法不低于百分之六十,具体年度比例由成员大会讨论决定】;

(二)按前项规定返还后的剩余部分,以成员账户中记载的出资额和公积金份额,以及本社接受国家财政直接补助和他人捐赠形成的财产平均量化到成员的份额,按比例分配给本社成员,并记载在成员个人账户中。

第五十二条 经成员(代表)大会表决同意,可以将本社全部或部分可分配盈余转为成员对本社的出资,并记载在成员账户中。

第五十三条 本社如有亏损,经成员(代表)大会讨论通过,用公积金弥补,不足部分也可以用以后年度盈余弥补。

本社的债务用本社公积金或者盈余清偿,不足部分依照成员个人账户中记载的财产份额,按比例分担,但不超过成员账户中记载的出资额和公积金份额。

第五十四条 监事会【注:或者执行监事】负责本社的日常财务审核监督。根据成员(代表)大会【注:或者理事会】的决定【注:或者监事会的要求】,本社委托_____【注:列明被委托机构的具体名称,该机构应系具有相关资质的社会中介机构】对本社财务进行年度审计、专项审计和换届、离任审计。

第五章 合并、分立、解散和清算

第五十五条 本社与他社合并,须经成员大会决议,自合并决议作出之日起十日内通知债权人。合并后的债权、债务由合并后存续或者新设的农民专业合作社承继。

第五十六条 本社分立，须经成员大会决议，本社的财产作相应分割，并自分立决议作出之日起十日内通知债权人。分立前的债务由分立后的组织承担连带责任。但是，在分立前与债权人就债务清偿达成的书面协议另有约定的除外。

第五十七条 本社因下列原因解散：

（一）因成员变更低于法定人数或比例，自事由发生之日起六个月内仍未达到法定人数或比例；

（二）成员大会决议解散；

（三）本社分立或者与其他农民专业合作社合并后需要解散；

（四）因不可抗力致使本社无法继续经营；

（五）依法被吊销营业执照或者被撤销登记；

（六）成员共同议决的其他情形。

第五十八条 本社因第五十七条第一项、第二项、第四项、第五项、第六项情形解散的，在解散情形发生之日起十五日内，由成员大会推举____名成员组成清算组接管本社，开始解散清算。逾期未能组成清算组时，成员、债权人可以向人民法院申请指定成员组成清算组进行清算。

第五十九条 清算组负责处理与清算有关未了结业务，清理本社的财产和债权、债务，制定清偿方案，分配清偿债务后的剩余财产，代表本社参与诉讼、仲裁或者其他法律程序，并在清算结束后____日内向成员公布清算情况，向登记机关办理注销登记。

第六十条 清算组自成立起十日内通知成员和债权人，并于六十日内在报纸上公告。

第六十一条 本社财产优先支付清算费用和共益债务后，按下列顺序清偿：

(一) 与农民成员已发生交易所欠款项；
(二) 所欠员工的工资及社会保险费用；
(三) 所欠税款；
(四) 所欠其他债务；
(五) 归还成员出资、公积金；
(六) 按清算方案分配剩余财产。

清算方案须经成员大会通过或者申请人民法院确认后实施。本社财产不足以清偿债务时，依法向人民法院申请破产。

第六章　附　则

第六十二条　本社需要向成员公告的事项，采取＿＿＿＿方式发布，需要向社会公告的事项，采取＿＿＿＿＿方式发布。

第六十三条　本章程由设立大会表决通过，全体设立人签字后生效。

第六十四条　修改本章程，须经半数以上成员或者理事会提出，理事会【注：或者理事长】负责修订。

第六十五条　本章程如有附录（如成员出资列表），附录为本章程的组成部分。

全体设立人签名、盖章：

第四章 农民专业合作社联合社设立

第一节 农民专业合作社联合社概述

一、农民专业合作社联合社的概念

农民专业合作社联合社是指3个以上的农民专业合作社,在自愿的基础上,依照《农民专业合作社法》登记出资联合成立的经济组织。

农民专业合作社联合社可取得法人资格,领取营业执照,登记类型为农民专业合作社联合社。

二、农民专业合作社联合社的类型

(一)生产型农民专业合作社联合社

生产型农民专业合作社联合社是立足于某一类农产品生产,通过联合更多的农民专业合作社迅速扩大规模来达到减少生产成本、提高经营效益的一种生产者联盟。

生产型农民专业合作社联合社一般具有以下特点:主要生产某地区的某一种名、特、优农产品;积极吸纳相同产品的合作社加入,以尽快达到一定的生产规模,获得规模经济;着重提高生产的标准化、机械化、现代化水平,并尝试开展初加工、直供直销等业务,向产业链上下游延伸;需要经营实力突出、声誉较好的合作社牵头和政府有关部门的支持。

(二)营销型农民专业合作社联合社

营销型农民专业合作社联合社的主要经营领域为农产品产后流通及销售。通过联合不同种类的农民专业合作社来提高产品的多样性,实现供给稳定和销售盈利的一种产加销同盟。此类联合社是种植蔬菜、水果等合作社组建联合社的主要方式,也是当前联合社发展的主要类型。

销售型农民专业合作社联合社一般具有以下特点:主要从事蔬菜、水果和其他农产品,生产、粗加工和销售,靠近终端消费市场;大力发挥核心成员社的带动作用,与其他合作社开展深度、广度不同的业务协调;积极通过"农社对接"等方式稳固销售渠道,努力把成员合作社的产品以更少环节、更优价格销售出去;注重培育联合品牌,将成员合作社的农产品细分并进行差异化营销。

(三)产业链型农民专业合作社联合社

产业链型农民专业合作社联合社也可称为一体化联合社,是以农业企业牵头的农民专业合作社为核心,以产业链协作为手段,以提高链条整体的市场响应能力和盈利水平为目的的纵向一体化联合。

产业链型农民专业合作社联合社具有以下特点:生产技术、管理方法、销售渠道等依托农业企业,企业牵头成立的合作社是组织核心;企业一般是农资生产商或农产品加工销售商,需要用产业链上下游延伸来稳定农资销售或原料收购;产业链整体协作紧密,企业一般会派出专人协助生产运营,并提供原料、技术、销售等服务。

(四)综合型农民专业合作社联合社

综合型农民专业合作社联合社是以生产、生活社会化服务为纽带,以增强社区成员联系、提高区域经济活力为目标,通过资源整合而实现的一种区域性联合。与前面3种联合社类型相比,综合型联合社既具有经济功能,也具有社会功能。

综合型农民专业合作社联合社的特点是:根植于传统农村社区,成员分布的地域性很强,多以县、乡(镇)为边界;成员以本地区的各类合作社为主,并广泛吸纳农户、农业企业等的加入;服务内容和形式灵活多样,经营范围会根据自身需要、社区需求和市场情况不断拓展;成员主要从联合社获得各类服务,而很少与联合社发生交易。

三、发展农民专业合作社联合社的意义

随着我国农民专业合作社数量的不断发展壮大,农民专业合作社联合社的成立与发展逐渐具备了成员基础,走向联合成为农民专业合作社发展的必然趋势。发展农民专业合作社联合社的意义表现在如下方面。

(1)联合社可以扩大生产、销售规模节约交易成本和费用,争得交易价格上的优惠,争取对外谈判的主动,让社员获得更多的经济实惠。

(2)联合社可以解决单个合作社难解决的问题,满足社员对服务的多样化需求。如开展信用合作,实现资金互助功能。

(3)联合社可以有效避免恶性竞争,在一些地区和一些产业的问题上,携手联合,实现二次合作。

第二节 组建农民专业合作社联合社

一、联合社组建的条件

农民专业合作社联合社与农民专业合作社类似,应当有自己

的名称、组织机构和住所，由联合社全体成员制定并承认的章程，以及符合章程规定的成员出资。

二、联合社依法取得法人资格

《农民专业合作社法》第五十七条指出，农民专业合作社联合社依照本法登记，取得法人资格，领取营业执照，登记类型为农民专业合作社联合社。第五十八条指出，农民专业合作社联合社以其全部财产对该社的债务承担责任；农民专业合作社联合社的成员以其出资额为限对农民专业合作社联合社承担责任。因此，农民专业合作社联合社经登记可以取得法人资格，以自己的财产对外承担责任，成员以其出资额承担有限责任。

三、联合社组建的流程

组建农民专业合作社联合社一般由某一行政区域内性质相同、联系较多、有联合需要和联合协议的，3个以上的农民专业合作社发出组建倡议，组建程序与合作社的设立程序基本相同，成员以每一个合作社为单位，同样需要登记、注册和备案。

2018年12月，农业农村部发布了《农民专业合作社联合社示范章程》，为广大农民专业合作社联合社制定符合法律要求和自身特点的章程提供了参照和遵循。

第三节 农民专业合作社联合社案例

一、联合合作整合资源实现节本增效

通过一块块大屏幕，就可以看到稻田里农户的劳作情况，观察到某一块农田的灌溉情况,掌握现场的温度、湿度、土壤 pH 值等,同时,可以根据接收到的各类信息,实现农业生产的智能预警、智能决策、智能分析、智能节水灌溉等,实现了生产过程的精准化种植、可视化管理,这就是苏州临湖农业专业合作社联合社现代农业管理服务中心的智慧管理控制室,不到 100 米^2 的小屋管理着 1 156 亩(1 亩 ≈ 667 米^2)的水稻种植核心区。据联合社理事长、80 后新型职业农民徐斌介绍,联合社已经基本建成"田成方、林成网、渠相通、路相连、涝能排、旱能灌、可旅游、可体验"的现代化生态农田。

(一)7 个农业村合作社成立 1 个联合社

吴中区临湖镇坐拥 23 千米的太湖湖岸线和 3 300 余亩环太湖生态保护林,如何利用好资源优势、做好农业大文章成了临湖镇发展的重要命题之一。2012 年,临湖镇将农户土地流转到村,试图解决分散种植难题、实现规模经营。然而,村落之间的割据划片,同样影响了规模经营效率。2018 年 4 月,界路、东吴、石塘、前塘、牛桥、石庄、陆舍等 7 个环太湖农业村合作社联合镇级苏州太湖现代农业发展有限公司,共同发起成立苏州临湖农业专业合作社联合社,开启了联合发展的新征程。

据了解,7 个环太湖农业村合作社以土地资源入股,联合社以不低于市场价的租金保底分红返还各村,共经营水稻面积 6 789 亩;苏州太湖现代农业发展有限公司以资金入社。截至 2022 年 4 月,联合社有成员数 6 088 户,设立了农业发展部、财务部、项目部、综合保障部、办公室五大工作机构,建立成员大会、理事会、监事会"三会制度",制定财务管理、生产管理、档案管理等 12 项工作规章制度。

(二)20 个新型职业农民管理 6 000 亩高标准农田水稻

联合社成立后,立即开始推动水稻的规模化经营、集约化生产。吴中区财政全额拨付1.8亿元用于这7个行政村的万亩高标准农田建设,平整土地6 789亩共39个灌溉区,实现了水稻从种植、收割、仓储、烘干、加工到包装的一体化生产。

1. 集约化种植

为实现水稻种植的集约化,联合社通过招聘的方式从各村引进新型职业农民20人,实行一人多技多岗,按照"1+4"模式,即1个种田能手、4个农机手(无人机手),分成4组,种植6 000多亩高标准农田水稻。联合社将种植团队形象地称为"老把式(4人)+农机手(12人)+无人机手(4人)= 20人种植6 000亩水稻",其中,老把式组以老年为劳动主力,经验丰富,带领中青年掌握农田管理技术;农机手组以中年为劳动主力,全部通过了专业培训并获得了农机操作证书;无人机手组则以青年为劳动主力,负责操作无人机进行田间作业。此外,农忙季节联合社还带动各村农民200余人零散用工,增加了农民收入。

2. 智能化管理

联合社在1 156亩稻田核心区实行智能化管理,在这一区域范围内采用低压管道灌溉,设置了小型气象站及智能监控,通过应用全球定位系统(GPS)、地理信息系统(GIS)、遥感系统(RS)技术,依托部署在农业生产现场的各种传感器(如大气温度智能传感器、大气湿度智能传感器、风速传感器、二氧化碳传感器等)和无线通信网络,实现农业生产的智能化管理。据了解,该系统运行以来,区域水利用系数从0.66提高到0.85,每年可节约灌溉用水23.5万米^3,节约耕地10亩。

3. 产业化生产

除智慧管理控制室外,联合社还建成了815米^{2}的湿谷仓,可实现浸种、培土、供盘、铺土、精量播种、洒水、覆土等一系列育种过程;建成2 273米^{2}的烘干房,购买20台烘干机,每台每天可完成 10 吨稻谷的烘干;建成 1 393 米^2 的农机库,存放了 44 台(套)农机设备。此外,合作社碾米加工车间引入了加工包装一体化流水线,日加工能力 20 吨。徐斌告诉记者,加工流水线均由 20 个职业农民承担,实现产业化生产加工,节约了劳动力、提高了生产效率。

(三)从"一粒种子"到"一粒米"的质量全程可追溯,打造 3 个品牌、4 项农旅体验

从"一粒种子"到"一粒米",联合社实现了产品质量的全程可追溯。酒香也怕巷子深,为推广优质产品,联合社建立专业营销团队,设立"太湖优品"天猫旗舰店,建立线下体验店。在"太湖优品"这一镇级农产品品牌基础上,联合社针对不同产品的特点和消费群体,推出"江南味稻""吴小米""吴中大米"等子品牌。据理事长介绍,"江南味稻"致力于打造稻田共享平台,满足不同种植模式要求,为共享者提供解决方案和服务运营;"吴小米"更软糯香甜,且可以根据客户爱好提供专属的包装设计。

为讲好"一粒米"的故事,联合社还打造了高标准良田示范区、智慧农业体验区、彩色水稻展示区、农业科普体验区、"稻+"共生园、慈善农耕基地、自然农耕基地、设施农业体验区、土壤修复试验基地。同时,开展了 4 项农旅体验:农作(体验田间劳作)、农食(大米、螃蟹等)、农风(民宿、智慧农业等)、农娱(民俗活动)。

二、台州市台联九生猪专业合作社联合社

台州市台联九生猪专业合作社联合社成立于 2012 年,位于浙江省台州市临海市大洋街道,由台州市九联生猪产销专业合作社、台州市路桥耀兴生猪专业合作社、温岭市农联生猪专业合作

社、三门县赵岙山畜禽专业合作社、临海市大洋圣天畜禽专业合作社等5家成员社牵头联合组建，共联结农户3 000余户。2018年末，联合社总产值达7亿元，是国家农民专业合作社示范社。

近年来，联合社以助推产业兴旺，实现农民富裕为目标，坚持以产业为基础，以资本为纽带，纵向参股、横向联合，促进畜牧生产、防疫、饲料加工、资金互助及投资一体化的联合发展新模式，开展全产业链和全程综合服务，不断创新服务模式，带领成员增收致富。

（一）打破区域限制，构建共建共享平台

长期以来，台州市诸多小型合作社采用传统方式养猪不仅经济效益差，产生的废水废物也对周边生态造成了极大破坏，生猪养殖业发展举步维艰。为了打破区域限制和传统经营模式的困境，2012年，台州市台联九生猪专业合作社联合社在临海成立，把台州9个县（市、区）的专业合作社、规模养殖场、养殖大户联合起来，建立起覆盖上游饲料生产配送、中游生猪标准化养殖、下游屠宰加工销售，集"养、贸、加"于一体的新型养猪产业体系，实现风险共担，利益共享，增强抵御市场风险的能力，对全台州生猪养殖产业稳定健康、标准化发展起到了积极的示范作用。

（二）建立行业标准，提升产业现代化水平

为了降低成员社的生产成本，提高行业效益和风险抵抗能力，加强对养殖粪污的防控，促进标准化生产，实现产品安全化，联合社规定了行业生猪养殖的相关标准，实行"六统一"。

一是统一生产技术。配置7人专门负责畜牧防疫技术服务，采用流动服务与驻场服务相结合，定期对成员牧场的动保产品进行药敏试验，筛选出敏感度高的动保产品。每季度针对牧场的生产绩效进行分析，由技术服务团队与业主共同探讨存在的问题并拿出可行的解决方案。二是统一防疫采购。定期对使用的疫苗进行效价检测与使用后的抗体检测，依据抗体检测报告和周边疾病流行情况制定合理的免疫程序，促使防疫服务保质保量。根据生猪生长各阶段不同营养的需求，制定生猪各阶段的营养需求配方。统一采购原材料，建立饲料厂专用的化验室，从源头上把牢食品安全关，杜绝饲料抗生素、重金属超标事件发生。三是统一饲养标准。要求联合社成员严格执行无公害生猪养殖系列标准，做好生物安全防控、生猪防疫、生猪全进全出养殖以及生猪的出场检疫。严禁使用违禁药品，严格执行药品休药期生猪出栏前一个月停用药物与疫苗。四是统一营销管理。联合社建立销售服务中心，及时分析市场行情，指导成员社做好产品营销。在台州农港城设立直销中心，在各大农贸市场、小区设立品牌专卖店，与各大超市联合设立专柜，构建现代营销服务体系。五是统一信息共享。联合社建立统一信息服务平台，及时发布政策动态、产销信息、疫情防控等，并开展网上技术咨询、培训服务，实现信息共享。六是统一排粪污处理标准。要求成员社的养殖场按环保要求建立规范的环保设施，设立堆粪池，建立有机肥厂，年吸纳消化畜禽粪污9万吨，年生产有机肥3万吨。

（三）发挥联合优势，完善产业服务体系

联合社成立后，本着服务成员、提升行业共同效益的原则，发挥联合优势，不断完善服务体系。

一是建立原料基地，为成员直供饲料。联合社在对口协作的吉林省通化县建立玉米原料采购基地，发展订单农业，年购入3万吨玉米原料，有效减少流通环节，降低采购成本。与浙江大北农集团合作，建立了年产量5万吨级的饲料加工厂。通过引进科学配方，严把原料进货关，既降低成员的养猪成本，又从生产源头把牢食品安全关，杜绝饲料药物超标事件发生。2018年供应成员的饲料量达 1.36 万吨,按每吨 75 元的内部价格优惠,成员享利达 102 万元。

二是打造公共品牌,建立营销网络。联合社注册"山溪岗"和"百兴"商标作为公共品牌,以食品安全为切入点建立起食品安全可追溯体系,追溯猪仔出生日期、时间、地点,育肥阶段的饲料、兽药、疫苗、消毒、批次及出栏时间和批次。溯源系统促进了联合社内部管理,实现了产品来源可查、去向可追、责任可究。联合社还建立起销售服务中心,调研分析市场行情,指导各成员社做好产品营销。采用合作社自产自销与联合社定点销售相结合的营销模式,牵头与三江超市、耀达超市等大型商场合作,与台州农港城开展农超对接、白肉批发、分割肉配送,并在农贸市场设立定点专柜,打通产品的销售渠道。同时,联合社还开展"优质农产品进校园""优质农产品进机关食堂"等食品配送项目,在云南省德宏州与当地的学校、企事业单位等进行对接。

三是发展信用服务,破解融资难题。为破解成员融资难题,联合社组建了台州市首家跨区域资金互助会,一举突破会员必须为临海市内的地域限制,实现跨地区跨产业的构想。资金互助会按照会员制、封闭性原则,实行账款分离,将资金委托临海农商银行统一投放、统一回收。资金互助会会员共出资 1 000 万元,农商银行以 1∶4 放大信用额度,可借贷资金额度达到 5 000 万元。第一,实行"股权抵押",解决缺少抵押物难题。成员出具股权担保函,互助会根据成员在联合社及饲料厂的出资额度,委托临海农商银行发放。第二,实行"四证抵押",增强互助资金的安全性。将成员所拥有的动物防疫条件合格证、环保评估许可批准书、工商执照、临时农业生产配套设施批准书交联合社内部评估建档,成员有贷款需求,可经过公证,将"四证"抵押给联合社，由联合社与农商银行达成许可协议后向农商行担保贷款。若出现风险，联合社按评估价的8折收购，其余的20%风险由农商行与资金互助会按照2∶1比例分摊。截至2018年底共发放互助金347笔，总金额1.3857亿元，有力地支持了联合社的壮大，促进畜牧产业健康发展。

（四）实施创新驱动，发展生态循环产业

联合社注重行业污染防控和生态环境保护，研发推广新能源排污物处理技术服务，建立了年产量3万吨的有机肥厂，将令人头痛的生猪养殖排污物制成有机肥，专供生态种植示范园区，并利用沼气发电达到循环利用，目前装机容量为120千瓦，已并入国家电网。

通过纵向参股、横向发展，联合社引导成员入股美丽牧场、生态农场等优质项目投资。2017年联合社参与台州市路桥百兴生态农场建设、临海市绿之源畜牧有限公司、天台立新生态养殖有限公司美丽牧场建设，共获得投资收益120万元。2018年，联合社在三门县投资3 200万元建立年产仔猪5万头的种猪场，延伸产业链条。2019年又承接了上海市1 200亩市外蔬菜示范基地项目，以产业带动就业，进一步带领当地农民增收致富。

（五）联合优势凸显，带动能力提升

联合社开拓创新，锐意进取，综合效益十分明显。一是产业规模扩大。2018年底出栏生猪9万头，产品从肉猪饲养发展到牛羊、家禽养殖，产业链从生猪养殖向饲料加工、生态循环农业、肉食加工业延伸拓展。二是成员增效显著。联合社吸纳276个规模养殖户，辐射带动周边3 000余户农户共同致富。产值从5亿元增加到7亿元，年盈余1 208万元，分配846万元，其中成员一次享利、二次返利共605万元，成员凝聚力增强，联合发展优势日益显现。三是形成示范样板。联合社通过引导产业链不同环节上的经营主体纵向合作，打造联合发展的全新模式，2017年被评为省级现代农业综合服务中心，成为临海市"三位一体"农合联改革的一大创新样板，在全市发挥引领带头作用。四是辐射带动地域脱贫。联合社积极开展扶贫协作，2018年6月承接了上海市青浦区与云南省梁河县的扶贫协作项目，投资3 500万建立规模360亩的"梁河县畜牧业生态园"，年产仔猪3万头，通过推广"傻瓜养猪法"鼓励农户共同养殖，带动当地16个贫困村、300余户建档立卡户脱贫致富。

三、山西和之瑞种植专业合作社联合社

山西和之瑞种植专业合作社联合社位于山西平遥古城，成立于2017年。经当地组织部门批准，2018年12月，联合社成立临时党支部，联合社负责人为临时党支部书记。联合社设财务、农机、农资、技术推广四部门，下设11个乡级工作站、116个村级服务点，其中一半以上村级服务点由所在村的村党支部书记担任负责人。联合社现有资产750万元，各类农机具112台，2018年营业收入260万元。在党支部的领导下，联合社坚持家庭承包经营的基本原则，大力开展农业生产托管服务，被县委、县人民政府授予"现代农业经营体系创新先进单位"，获评"省级示范合作社"。

（一）实施党建引领，促进五级联动

联合社由平遥县永丰盛种植专业合作社、泰生隆合作社和丙寅合作社3个合作社联合而成，共有农户成员107户。联合社组建后，搭建了以党支部牵头的县、乡、村服务组织架构，形成了"联合社党支部+联合社+乡级服务站+村级服务站+农户"五级联动机制，大力发展农业生产托管服务，统一提供产前、产中、产

后农业生产一条龙服务,有力推进了平遥县农业生产托管服务快速发展。2018 年,联合社经公开竞标承接县农业生产托管招标项目,托管面积 82 370.46 亩,占项目区粮食生产面积 22.8%,涉及农户 6 055 户,全部实现电脑、手机 App 数字化管理。

合作社提出了"全托"与"半托"由你选、优惠服务送到家的菜单式服务和庄严承诺,着力推进农业生产托管服务规模化经营,以整村托管、土地入股等多种模式为重点,采取全程托管综合补贴方式,做到适合托管的乡全域布局。在联合社的支持下,宁固镇左家堡村开展土地入股托管试点,全村近 2 000 亩土地入股,由村集体经济合作社统一经营,保底分红每亩 500 元,集中交由联合社连片种植、统一管理,从体制上保障了农民收益,实现从产到销无缝隙。

(二) 加强科技支撑,实现绿色发展

联合社开展合作社想做却没有能力做的事,聘请山西省农业农村厅、山西省农业科学院、山西农业大学、山西大学及农业科研推广部门的 30 多名专家顾问,开展有机旱作、绿肥套种、测土配肥、宽窄行轮作、品种示范、农机农艺等农业高新技术试验示范,搭建了高效的科技成果转化平台,及时提供农业生产全方位技术服务。通过托管形成了规模化种植,2018 年认证无公害产品基地 3 000 公顷,包括玉米、高粱、大豆等品种。联合社制定了相应产品的生产标准,注册了"TAISL"商标,2019 年申请绿色认证 1 000 公顷。

(三) 延伸服务内容,提升支部服务水平

2019 年,联合社与中化 MAP、北大荒(山西)公司签订了战略合作协议,签约订单生产 3 万亩,联合山西田航、山西农飞组建成立平遥田航科技服务公司,把托管服务延伸到产前、产后、保险,形成了农业生产托管全产业链的对接。联合社的粮食

第四章 农民专业合作社联合社设立

托管中心为农民免费储粮、销粮,储粮户可以根据粮食市场行情决定粮食出售时间。粮食托管中心与当地多个村的优秀商店成立联合商店,储粮户未卖粮就可以到联合商店提前消费,粮食托管中心从联合商店获得3%~5%的提成来补贴储粮费用。2018年,联合社托管土地3万亩,户均增收230.6元。2019年,联合社与中化集团签约2万亩玉米、北大荒集团签约1万亩高粱订单,预计户均增收300元左右,粮食存入粮食银行,预计可减少损失7%、减少粮食损耗10.5万千克。

联合社党支部发挥基层党组织的政治优势,实现了党组织在农业生产和脱贫攻坚领域的工作覆盖。2018年11月,联合社党员突击队带领6台大型拖拉机、行程70多千米,为贫困村500多亩土地进行免费秋耕。2019年春季,联合社为中都乡曹村五保、低保、贫困户免费发放优质良种100多袋,受到了当地农民的欢迎。2018年9月,联合社承办了"中国平遥首届农民丰收节",增强了基层党组织在农村的群众组织力、社会号召力。

农民专业合作社联合社示范章程

本示范章程中的【 】内文字为解释性规定。农民专业合作社联合社在遵守有关法律法规的前提下，可根据自身实际情况，参照本示范章程制订和修订本社章程。

____专业合作社联合社章程

【____年____月____日召开设立大会，由全体设立人一致通过。____年____月____日召开成员大会第____次修订通过。】

第一章 总 则

第一条 为促进本社规范运行和持续发展，保护本社及成员社的合法权益，增加成员社收入，增进成员社成员福利，依照《中华人民共和国农民专业合作社法》和有关法律、法规、政策，制定本章程。

第二条 本社由_____【注：列出全部发起人名称】等____个【注：三个以上】农民专业合作社发起，于____年____月____日召开设立大会。

本社名称：_____专业合作社联合社，成员出资总额____元，其中货币出资额____元，非货币出资额____元【注：如有非货币出资请按具体出资内容分别注明，如以土地经营权作价出资 ** 元】。

单个成员社出资占比不得超过本社成员出资总额的百分之____。

第四章 农民专业合作社联合社设立

本社法定代表人：_____【注：理事长姓名】。

本社住所：_____，邮政编码：_____。

第三条 本社成员均为农民专业合作社。本社以服务成员社、谋求全体成员社的共同利益为宗旨。成员入社自愿，退社自由，地位平等，民主管理，实行自主经营，自负盈亏，利益共享，风险共担，可分配盈余主要按照成员社与本社的交易量（额）比例返还。

第四条 本社成立的目的是扩大生产经营和服务规模，发展产业化经营，提高市场竞争力，不影响成员社依法享有的独立的经营权。本社以成员社为主要服务对象，依法开展以下业务：

（一）农业生产资料的购买、使用；

（二）农产品生产、销售、加工、运输、贮藏及其他相关服务；

（三）农村民间工艺及制品、休闲农业和乡村旅游资源的开发经营；

（四）与农业生产经营有关的技术、信息、设施建设运营等服务。

【注：根据实际情况填写，业务内容应与市场监督管理部门颁发的农民专业合作社联合社法人营业执照规定的业务范围一致。】

第五条 经成员大会表决通过，本社依法向公司等企业投资；依法投资兴办_____公司。

第六条 经成员大会讨论并决议通过，本社可以接受与本社业务有关的单位委托，办理代购代销、代理记账等服务；可以向政府有关部门申请或者接受政府有关部门委托，组织实施国家支持发展农业和农村经济的建设项目；可以按决定的数额和方式参加社会公益捐赠。

第七条 本社及全体成员社遵守法律、遵守社会公德、商业道德，诚实守信，依法开展生产经营活动。本社不从事与本章程规定无关的活动。

第八条 本社对由成员出资、公积金、国家财政直接补助、他人捐赠以及合法取得的其他资产所形成的财产，享有占有、使用和处分的权利，并以上述全部财产对本社的债务承担责任。

第九条 本社为每个成员社设立成员账户，主要记载该成员社的出资额、量化为该成员社的公积金份额以及该成员社与本社的交易量（额）。

成员社以其成员账户内记载的出资额为限对本社承担责任。

第二章 成　员

第十条 依照农民专业合作社法登记，取得农民专业合作社法人资格，从事_____【注：业务范围内的主业农副产品名称】生产经营，能够利用并接受本社提供的服务，承认并遵守本章程，履行本章程规定的入社手续的农民专业合作社，可申请成为本社成员。【注：农民专业合作社联合社章程可自主确定入社成员的生产经营规模或经营服务能力等其他条件】

第十一条 凡符合第十一条规定，向本社理事长【注：或者理事会】提交书面入社申请，经成员大会表决通过后，即成为本社成员。

第十二条 本社向成员社颁发成员证书，并载明成员社的出资额。成员证书同时加盖本社财务印章和理事长印鉴。

第十三条 本社成员社享有下列权利：

（一）参加成员大会，并享有表决权、选举权和被选举权，按照本章程规定对本社实行民主管理；

（二）利用本社提供的服务和生产经营设施；

（三）按照本章程规定分享盈余；

（四）查阅本社的章程、成员名册、成员大会记录、理事会会议决议、监事会会议决议、财务会计报告、会计账簿和财务审计报告；

（五）对本社理事长、理事、监事长、监事的工作提出质询、批评和建议；

（六）提议召开临时成员大会；

（七）提出书面退社声明，依照本章程规定程序退出本社；

（八）向本社其他成员社转让全部或部分出资；

（九）成员大会对拟除名成员表决前，拟被除名成员有陈述意见的机会；

（十）成员共同议决的其他权利。

第十四条 本社成员社承担下列义务：

（一）遵守本社章程和各项规章制度，执行成员大会和理事会的决议；

（二）按照本章程规定向本社出资；

（三）积极参加本社各项业务活动，接受本社提供的技术指导，按照本社规定的质量标准和生产技术规程从事生产，履行与本社签订的业务合同，发扬互助协作精神，谋求共同发展；

（四）维护本社合法利益，爱护生产经营设施；

（五）不从事损害本社成员社共同利益的活动；

（六）不得以其对本社或者本社其他成员社的债权，抵销已认购但尚未缴清的出资额；不得以已缴纳的出资，抵销其对本社或者本社其他成员社的债务。

(七)承担本社的亏损;

(八)成员社共同议决的其他义务。

第十五条 成员社有下列情形之一的,终止其成员资格:

(一)要求退社的;

(二)成员社破产、解散的;

(三)被本社除名的。

第十六条 成员社要求退社的,须在会计年度终了____个月前【注:不得低于六个月】向理事会提出书面声明,办理退社手续。退社成员的成员资格自该会计年度终了时终止。

第十七条 成员资格终止的,在完成该年度决算后____个月内【注:不应超过三个月】,退还记载在该成员账户内的出资额和公积金份额。如本社经营盈余,按照本章程规定返还其相应的盈余所得;如经营亏损,扣除其应分摊的亏损金额及债务金额。

成员社在其资格终止前与本社已订立的业务合同应当继续履行【注:或依照退社时与本社的约定确定】。

第十八条 成员社有下列情形之一的,经成员大会表决通过,予以除名:

(一)不遵守本章程、成员大会决议的;

(二)严重危害其他成员社及本社利益的;

(三)成员社共同议决的其他情形。

成员大会表决前,允许被除名成员社陈述意见。

第十九条 被除名成员社的成员资格自会计年度终了时终止。本社对被除名成员社,退还记载在该成员账户内的出资额和公积金份额,结清其应承担的本社亏损及债务,返还其相应的盈余所得。因第十九条第二项被除名的成员社须对本社作出相应赔偿。

第三章 组织机构

第二十条 成员大会是本社的最高权力机构,由全体成员社组成。

成员大会行使下列职权:

(一)审议、修改本社章程和各项规章制度;

(二)选举和罢免理事长、理事、执行监事【注:或者监事长、监事】;

(三)决定成员入社、除名等事项;

(四)决定成员出资增加或者减少;

(五)审议本社的发展规划和年度业务经营计划;

(六)审议批准年度财务预算和决算方案;

(七)审议批准年度盈余分配方案和亏损处理方案;

(八)审议批准理事会【注:或者理事长】、监事会【注:或者执行监事】提交的年度业务报告;

(九)决定重大财产处置、对外投资、对外担保和生产经营活动中的其他重大事项;

(十)对合并、分立、解散、清算等作出决议;

(十一)决定聘用经营管理人员和专业技术人员的数量、资格和任期;

(十二)听取理事会【注:或者理事长】关于成员社变动情况的报告;

(十三)决定公积金的提取及使用;

(十四)决定其他重大事项。

第二十一条 本社每年召开_____次成员大会【注:至少于会计年度末召开一次】。成员大会由理事会【注:或者理事长】负责召集,并在成员大会召开之日前十五日向全体成员社通报会议内容。

第二十二条 有下列情形之一的,本社在二十日内召开临时成员大会:

(一)百分之三十以上的成员社提议;

(二)监事会【注:或者执行监事】提议;

(三)理事会提议;

(四)成员社共同议决的其他情形。

理事会【注:或者理事长】不能履行或者在规定期限内没有正当理由不履行职责召集临时成员大会的,监事会【注:或者执行监事】在____日内召集并主持临时成员大会。

第二十三条 本社成员大会选举和表决,实行一社一票,成员社各享有一票表决权。

第二十四条 成员大会须有本社成员社总数的三分之二以上出席方可召开。成员社因故不能参加成员大会,可以书面委托其他成员社代理发言和表决。一个成员社最多只能代理____个成员社表决。

成员大会选举或者作出决议,须经本社成员社表决权总数过半数通过;对修改本社章程,增加或者减少成员出资,合并、分立、解散等重大事项作出决议的,须经成员社表决权总数三分之二以上通过。【注:可以根据实际情况设置更高表决权比例】

第二十五条 本社设理事长一名,为本社的法定代表人。理事长从成员社选派的理事候选人中产生,任期____年,可连选连任。

理事长行使下列职权:

(一)主持成员大会,召集并主持理事会会议;

(二)签署本社成员出资证明;

（三）签署聘任或者解聘本社经理、财务会计人员聘书；

（四）组织实施成员大会和理事会决议，检查决议实施情况；

（五）代表本社签订合同等。

（六）履行成员大会授予的其他职权。

【注：不设理事会的理事长职权参照本条款及理事会职权】

第二十六条　本社设理事会，对成员大会负责，由＿＿名理事组成【注：理事会成员人数为单数，最少三人】，设副理事长＿＿名。理事任期＿＿年，可连选连任。本社理事从成员社选派的理事候选人中产生。

理事会行使下列职权：

（一）组织召开成员大会并报告工作，执行成员大会决议；

（二）制订本社发展规划、年度业务经营计划、内部管理规章制度等，提交成员大会审议；

（三）制定年度财务预决算、盈余分配和亏损弥补等方案，提交成员大会审议；

（四）组织开展成员社培训和各种协作活动；

（五）管理本社的资产和财务，维护本社的财产安全；

（六）接受、答复、处理本社成员社、监事会【注：或者执行监事】提出的有关质询和建议；

（七）接受入社申请，提交成员大会审议；

（八）决定成员退社、奖励、处分等事项；

（九）决定聘任或者解聘本社经理、财务会计人员；

（十）履行成员大会授予的其他职权。

第二十七条　理事会会议的表决，实行一人一票。重大事项集体讨论，并经三分之二以上理事同意，方可形成决定，做成会议记录，出席会议的理事在会议记录上签名。理事个人对某项决议有不同意见时，其意见记入会议记录并签名。理事会会议邀请监事长【注：或者执行监事】、经理和____名成员社代表列席，列席者无表决权。

第二十八条　本社设执行监事一名，代表全体成员社监督检查理事会【注：或者理事长】和工作人员的工作。执行监事列席理事会会议，并对理事会决议事项提出质询和建议。执行监事从成员社选派的监事候选人中产生。

【注：不设监事会的执行监事职权参照监事会职权】

第二十九条　本社设监事会，由____名监事组成【注：监事会成员人数为单数，最少三人】，设监事长一名，代表全体成员社监督检查理事会【注：或者理事长】和工作人员的工作。监事长和监事会成员任期_____年，可连选连任。监事长列席理事会会议，并对理事会决议事项提出质询和建议。监事从成员社选派的监事候选人中产生。

监事会行使下列职权：

（一）监督理事会对成员大会决议和本社章程的执行情况；

（二）监督检查本社的生产经营业务情况，负责本社财务审核监察工作；

（三）监督理事会成员【注：或者理事长】和经理履行职责情况；

（四）向成员大会提出年度监察报告；

（五）向理事会【注：或者理事长】提出工作质询和改进工作的建议；

（六）提议召开临时成员大会；

（七）履行成员大会授予的其他职责。

第三十条　监事会会议由监事长召集，会议决议以书面形式通知理事会【注：或者理事长】。理事会【注：或者理事长】在接到通知后____日内就有关质询作出答复。

第三十一条 监事会会议的表决实行一人一票。监事会会议须有三分之二以上的监事出席方能召开。重大事项的决议须经三分之二以上监事同意方能生效。监事个人对某项决议有不同意见时，其意见记入会议记录并签名。

第三十二条 本社经理由理事会【注：或者理事长】按照成员大会的决定聘任或者解聘，对理事会【注：或者理事长】负责，行使下列职权：

（一）主持本社的生产经营工作，组织实施理事会决议；

（二）组织实施年度生产经营计划和投资方案；

（三）拟订经营管理制度；

（四）聘任其他经营管理人员；

（五）理事会授予的其他职权。

本社理事长或者理事可以兼任经理。

第三十三条 本社现任理事长、理事、经理和财务会计人员不得兼任监事。

第三十四条 本社理事长、理事和管理人员不得有下列行为：

（一）侵占、挪用或者私分本社资产；

（二）违反本章程规定或者未经成员大会同意，将本社资金借贷给他人或者以本社资产为他人提供担保；

（三）接受他人与本社交易的佣金归为己有；

（四）从事损害本社经济利益的其他活动；

（五）兼任业务性质相同的其他农民专业合作社联合社的理事长、理事、监事、经理。

理事长、理事和管理人员违反前款第（一）项至第（四）项规定所得的收入，归本社所有；给本社造成损失的，须承担赔偿责任。

第四章 财务管理

第三十五条 本社实行独立的财务管理和会计核算,严格执行国务院财政部门制定的农民专业合作社财务会计制度。

第三十六条 本社依照有关法律、行政法规和政府有关主管部门的规定,建立健全财务和会计制度,实行财务定期公开制度,每月____日【注:或者每季度第____月____日】向本社成员社公开会计信息,接受成员社的监督。

本社财务会计人员应当具备从事会计工作所需要的专业能力,会计和出纳互不兼任。理事会【注:或者理事长】、监事会成员【注:或者执行监事】及其直系亲属不得担任本社的财务会计人员。

第三十七条 本社与成员社和非成员的交易实行分别核算。成员社与本社的所有业务交易,实名记载于各该成员社的成员账户中,作为按交易量(额)进行可分配盈余返还分配的依据。利用本社提供服务的非成员与本社的所有业务交易,实行单独记账。

第三十八条 会计年度终了时,由理事会【注:或者理事长】按照本章程规定,组织编制本社年度业务报告、盈余分配方案、亏损处理方案以及财务会计报告,于成员大会召开十五日前,置备于办公地点,供成员社查阅并接受成员社的质询。

第三十九条 本社资金来源包括以下几项:

(一)成员出资;

(二)每个会计年度从盈余中提取的公积金、公益金;

(三)未分配收益;

第四章　农民专业合作社联合社设立

（四）国家财政补助资金；

（五）他人捐赠款；

（六）其他资金。

第四十条　本社成员社可以用货币出资，也可以用库房、加工设备、运输设备、农机具、农产品等实物，知识产权、土地经营权、林权等可以用货币估价并可以依法转让的非货币财产，以及_____【注：如还有其他方式，请注明】等方式作价出资，但不得以劳务、信用、自然人姓名、商誉、特许经营权或者设定担保的财产等作价出资。成员社以非货币方式出资的，由全体成员社评估作价或委托第三方机构评估作价、全体成员社一致认可。

以土地经营权作价出资的成员社应当经所在社成员（代表）大会讨论通过。通过租赁方式取得土地经营权或者林权的，对农民专业合作社联合社出资须取得原承包权人的书面同意。

第四十一条　本社成员社认缴的出资额，须在____个月内缴清。

第四十二条　以非货币方式作价出资的成员社与以货币方式出资的成员社享受同等权利，承担同等义务。

经理事会【注：或者理事长】审核，成员大会表决通过，本社成员社可以向本社其他成员社转让全部或者部分出资。

本社成员社不得【注：或者可以，根据实际情况选择】以其依法可以转让的出资设定担保。

第四十三条　为实现本社及全体成员社的发展目标需要调整成员出资时，经成员大会表决通过，形成决议，每个成员社须按照成员大会决议的方式和金额调整成员出资。

第四十四条　本社从当年盈余中提取百分之_____的公积

金，用于扩大生产经营、弥补亏损或者转为成员出资。

本社每年提取的公积金，按照成员社与本社交易量（额）【注：或者出资额，也可以二者相结合】依比例量化为每个成员社所有的份额。

第四十五条 本社从当年盈余中提取百分之_____的公益金，用于成员社的技术培训、合作社知识教育以及文化、福利事业和生活上的互助互济。其中，用于成员社技术培训与合作社知识教育的比例不少于公益金数额的百分之_____。

第四十六条 本社接受的国家财政直接补助和他人捐赠，均按国务院财政部门制定的农民专业合作社财务会计制度规定的方法确定的金额入账，作为本社的资金（资产），按照规定用途和捐赠者意愿用于本社的发展。在解散、破产清算时，由国家财政直接补助形成的财产，不得作为可分配剩余资产分配给成员社，处置办法按照国务院财政部门有关规定执行；接受他人的捐赠，与捐赠者另有约定的，按约定办法处置。

第四十七条 当年扣除生产经营和管理服务成本，弥补亏损、提取公积金和公益金后的可分配盈余，主要按成员社与本社的交易量（额）比例返还。

可分配盈余按成员社与本社交易量（额）返还后，如有剩余，剩余部分按照_____进行分配。【注：可根据实际情况进行规定】经本社成员大会表决通过，可以将本社全部【注：或者部分】可分配盈余转为成员社对本社的出资，并记载在成员账户中。

第四十八条 本社如有亏损，经成员大会表决通过，用公积金弥补，不足部分也可以用以后年度盈余弥补。

本社的债务用本社公积金或者盈余清偿，不足部分依照成员账户中记载的财产份额，按比例分担，但不超过成员账户中记载的出资额和公积金份额。

第四十九条 监事会【注：或者执行监事】负责本社的日常财务审核监督。根据成员大会【注：或者理事会】的决定【注：或者监事会的要求】，本社委托_____【注：列明被委托机构的具体名称，该机构应系具有相关资质的社会中介机构】对本社的财务进行年度审计、专项审计和换届、离任审计。

第五章　合并、分立、解散和清算

第五十条 本社与其他农民专业合作社联合社合并，须经成员大会决议，自合并决议作出之日起十日内通知债权人。合并后的债权、债务由合并后存续或者新设的农民专业合作社联合社承继。

第五十一条 本社分立，经成员大会决议，本社的财产作相应分割，并自分立决议作出之日起十日内通知债权人。分立前的债务由分立后的组织承担连带责任。但是，在分立前与债权人就债务清偿达成的书面协议另有约定的除外。

第五十二条 本社因下列原因解散：

（一）因成员社变更导致成员社数量低于法定个数，自事由发生之日起6个月内仍未达到法定个数；

（二）成员大会决议解散；

（三）本社分立或者与其他农民专业合作社联合社合并后需要解散；

（四）因不可抗力致使本社无法继续经营；

（五）依法被吊销营业执照或者被撤销登记；

（六）成员社共同议决的其他情形。

第五十三条 本社因第五十三条第一项、第二项、第四项、第五项、第六项情形解散的，在解散情形发生之日起十五日内，由成员大会推举____名成员社所属人员组成清算组接管本社，开始解散清算。逾期未能组成清算组时，成员社、债权人可以向人民法院申请指定成员社所属人员组成的清算组进行清算。

第五十四条 清算组负责处理与清算有关未了结业务，清理本社的财产和债权、债务，制定清偿方案，分配清偿债务后的剩余财产，代表本社参与诉讼、仲裁或者其他法律程序，并在清算结束后____日内向成员社公布清算情况，向登记机关办理注销登记。

第五十五条 清算组自成立起十日内通知成员社和债权人，并于六十日内在报纸上公告。

第五十六条 本社财产优先支付清算费用和共益债务后，按下列顺序清偿：

（一）与成员社已发生交易所欠款项；

（二）所欠员工的工资及社会保险费用；

（三）所欠税款；

（四）所欠其他债务；

（五）归还成员出资、公积金；

（六）按清算方案分配剩余财产。

清算方案须经成员大会通过或者申请人民法院确认后实施。本社财产不足以清偿债务时，依法向人民法院申请破产。

第六章 附 则

第五十七条 本社需要向成员社公告的事项，采取____方式发布，需要向社会公告的事项，采取____公告方式发布。

第五十八条 本章程由设立大会表决通过，全体设立人盖章（成员社法定代表人签字）后生效。

第五十九条 修改本章程，须经半数以上成员社或者理事会提出，理事会【注：或者理事长】负责修订。

第六十条 本章程如有附录（如成员社出资列表），附录为本章程的组成部分。

全体设立人盖章、签名【注：成员社法定代表人签字】：

第五章　农民专业合作社组织运营

第一节　农民专业合作社组织机构与职权

农民专业合作社要依据《农民专业合作社法》建立成员（代表）大会、理事会、监事会等组织机构。各组织机构要切实履行职责，密切协调配合。

一、农民专业合作社成员（代表）大会

农民专业合作社成员（代表）大会是农民专业合作社的最高权力机构。

（一）成员（代表）大会的主要职权

（1）审议、修改本社章程和各项规章制度。农民专业合作社章程的制定是设立农民专业合作社的必备条件和必经程序，也是其自治特征的重要体现，完善的章程不仅涉及每个成员的权利与义务，更利于债权人、社会公众、政府等利益相关方对合作社的了解、监督和服务，还是能否享受国家有关优惠政策的重要依据。

农民专业合作社规章制度是日常运行的重要保障，包括民主议事决策制度、民主理财制度、现金收支制度、财务管理制度、会计核算制度、廉政建设制度、培训制度、成员管理制度、盈余分配制度等。

制订和修改章程、规章制度均需要本社成员表决权总数 2/3 以上通过。

（2）选举和罢免理事长、理事、执行监事或者监事会成员。理事长、理事、执行监事或者监事会选举工作由筹备小组主持，筹备小组制定选举工作实施方案、提名候选人名单、确定选举日期和投票地点、准备选票和票箱、确定监票人和唱票人、主持成员（代表）大会进行选举并公布选举结果。选举实行合作社成员一人（单位）一票制，等额或差额无记名投票方式，候选人及人数由筹备组广泛征询成员的意见后确定，按得票数量从多到少确定当选。理事长任本合作社法人代表。

筹备小组应向成员（代表）大会成员说明理事长、理事、理事会、执行监事、监事会的职责及工作方式，人员资格以及相互之间的关系。理事长、理事、执行监事或者监事会成员可连选连任。

（3）决定成员入社、退社、继承、除名、奖励、处分等事项。

（4）决定成员出资标准及增加或者减少出资。

（5）审议本社的发展规划和年度业务经营计划。

（6）审议批准年度财务预算和决算方案。

（7）审议批准年度盈余分配方案和亏损处理方案。盈余分配和亏损处理方案关系到所有成员获得的收益和承担的责任，成员大会有权对其进行审批。成员大会认为方案符合要求的则可予以批准，反之则不予批准。不予批准的，可以责成理事长或者理事会重新拟定有关方案。

（8）审议批准年度业务报告。理事会、执行监事或者监事会提交的年度业务报告是对合作社年度生产经营情况进行的总结，对年度业务报告的审批结果体现了对理事会（理事长）、监事会（执行监事）一年工作的评价。

(9) 决定重大事项。财产处置、对外投资、对外担保等生产经营活动中的重大事项是否可行、是否符合合作社和大多数成员的利益，应由成员大会来作出决定。

(10) 对合并、分立、解散、清算和对外联合等作出决议。合作社的合并、分立、解散关系合作社的存续状态，与每个成员的切身利益相关，这些决议应由本社成员表决权总数的2/3以上通过。

(11) 决定人员聘用部分事宜。农民专业合作社是由全体成员共同管理的组织，成员大会有权决定合作社聘用经营管理人员和专业技术人员的数量、资格、报酬和任期。

(12) 听取理事长或者理事会关于成员变动情况的报告。成员变动情况关系到合作社的规模、资产和成员获得收益和分担亏损等诸多因素，成员大会有必要及时了解成员增加或者减少的变动情况。

(13) 决定其他重大事项。

(二) 成员（代表）大会的召开

(1) 农民专业合作社成员（代表）大会每年至少召开一次，一般由理事长或者理事会负责召集，并提前15日向全体成员通报会议内容。

(2) 农民专业合作社成员（代表）大会临时成员大会可不固定召开，当有下列情形之一即可召开：一是30%以上的成员提议；二是理事长或者理事会不能履行或者在规定期限内没有正当理由不履行职责召集临时成员大会的由执行监事或者监事会召集并主持临时成员大会；三是章程规定的其他情形。

(3) 成员（代表）大会须有本社成员（代表）总数的2/3以上出席方可召开。成员因故不能参加成员大会，可以书面委托其他成员（代表）代理。

二、理事会及理事长

（一）理事会

1. 理事会的构成

理事会是合作社的执行机构，按照章程的规定对合作社进行日常经营与管理。理事会对社员大会负责，成员较多的合作社一般才设置理事会，不设理事会时由理事长全面负责合作社经营管理工作。理事会一般由 5~7 名理事组成，设理事长 1 名，理事由社员（代表）大会从本社社员中选举产生，任期 3 年，可连选连任。

2. 理事会的职权

（1）组织召开社员（代表）大会并报告工作，执行社员（代表）大会决议。

（2）制订本社发展规划、年度业务经营计划、内部管理规章制度等，提交社员（代表）大会审议。

（3）制定年度财务预决算、盈余分配和亏损弥补等方案，提交社员（代表）大会审议。

（4）组织开展社员培训和各种协作活动。

（5）管理本社的资产和财务，保障本社的财产安全。

（6）接受、答复、处理监事提出的有关质询和建议。

（7）决定社员入社、退社、继承、除名、奖励、处分等事项。

（8）决定聘任或者解聘本社经理、财务会计人员和其他专业技术人员。

（9）履行社员（代表）大会授予的其他职权。

3. 理事会的表决制度

理事会会议的表决，实行一人一票，重大事项集体讨论，并经2/3以上理事同意方可形成决定,理事会所议事项要形成会议记录,出席会议的理事应当在会议记录上签名。理事个人对某项决议有不同意见时,其意见记入会议记录并签名。

(二)理事长

理事长是农民专业合作社的法定代表人,是理事会成员,由社员(代表)大会投票选举产生。理事长主要具有下列职权。

(1)召集并主持理事会会议,按章程主持社员(代表)大会。

(2)签署本社社员出资证明。

(3)签署聘任或者解聘本社经理、财务会计人员和其他专业技术人员聘书。

(4)组织实施社员(代表)大会和理事会决议,检查决议实施情况。

(5)代表本社签订合同等。

(6)履行社员(代表)大会和《章程》授予的其他职权。

(三)理事会与村委会的关系

在村委会领办的合作社中,一般是合作社与村委会实行"一套人马、两块牌子"的紧密方式,理事会理事由村委委员兼任,理事长由村委主任兼任,既可以弥补村委会在经济职能方面的不足,还可以在村委会的带动下致力于村公益事业。

三、监事会及执行监事

监事会是合作社的监察机构,执行监督职能,代表全体社员监督合作社的财务和业务执行情况。监事会对社员大会负责,监事会一般由3人组成,设监事长1人,监事会成员由社员(代表)大会在本社社员中选举产生,每届任期3年,可连选连任,合作社理事长、副理事长、理事、经理和财务人员不得兼任监事。

执行监事是指仅由一人组成的监督机关，对合作社的账务、管理人员和业务执行情况进行监事。

《农民专业合作社法》规定执行监事或者监事会不是农民专业合作社的必设机构。如果成员大会认为需要提高监督效率，可以根据实际情况选择设执行监事或者监事会。是否设执行监事和监事会由合作社在章程中规定。一般地，合作社设执行监事的，不再设监事会。

监事会或者执行监事具有下列职权。

（1）监督理事会对成员大会决议和本社章程的执行情况。

（2）监督检查本社的生产经营业务情况，负责本社财务审核监察工作。

（3）监督理事长或者理事会成员和经理履行职责情况。

（4）向成员大会提出年度监察报告。

（5）向理事长或者理事会提出工作质询和改进工作的建议。

（6）提议召开临时成员大会。

（7）代表本社负责记录理事与本社发生业务交易时的业务交易量（额）情况。

（8）履行成员大会授予的其他职权。

监事会会议由监事长组织召集，监事长因故不能召集会议时，可以委托其他监事召集。

监事会的会议表决实行一人一票，监事会会议必须有2/3以上的监事出席方能召开，重大事项的决议须经2/3以上的监事同意方能生效。

监事会所议事项要形成会议记录，出席会议的监事应当在会议记录上签字，监事个人对某项决议有不同意见时，其意见也要记入会议记录并签名。

设立执行监事或者监事会的农民专业合作社,由执行监事或者监事会负责对本社的财务进行内部审计,审计结果应当向成员大会报告。

四、合作社经理

(一) 合作社经理概述

合作社经理是按照章程规定和理事长或者理事会授权,全面负责合作社具体生产经营活动的高级管理人员。合作社经理由理事会(或者理事长)聘任或者解聘,对理事会(或者理事长)负责,理事长或者理事可以兼任经理。

(二) 经理的职权

(1) 主持本社的生产经营工作,组织实施理事会决议。

(2) 组织实施年度生产经营计划和投资方案。

(3) 拟定经营管理制度。

(4) 提请聘任或者解聘财务会计人员和其他经营管理人员。

(5) 聘任或者解聘除应由理事会聘任或者解聘之外的经营管理人员和其他工作人员。

(6) 理事会授予的其他职权。

(三) 经理的基本素质

经理的基本素质主要包括5个方面。

1. 具有熟悉运用农业发展政策的能力

农民专业合作社经理必须熟悉国家"三农"政策,特别是强农惠农政策,只有熟知国家农民专业合作社发展政策,才能摸准我国农民专业合作社的发展战略和发展方向,才能引领农民专业合作社科学发展,促进其健康发展。

2. 具有一定的组织管理能力

经理对农民专业合作社的发展要有一定的市场洞察力和果断

决策力，对农民专业合作社的日常管理具有一定的号召力和凝聚力，对农民专业合作社的发展具有科学规划的能力，对成员的教育培训具有一定的支持能力，对农民专业合作社的文化建设具有深入挖掘和宣传推广的能力。

3. 具有扎实的沟通协调能力

经理不仅可以处理好与农民专业合作社理事会、理事长等上级领导管理层的关系，而且能够协调处理好政府、市场和成员三者之间的关系。

4. 具有良好的开拓创新能力

经理要对农民专业合作社机制建设与发展具有灵活的创新思维，对农民专业合作社的供给需求、消费需求、品质需求等具有敏锐的市场眼光，对农民专业合作社现有资源具有高超的资源整合能力，带领农民专业合作社在市场经济中做大做强。

5. 具有优质的服务能力

经理必须具备一定的电子商务、金融服务、公益服务等能力，以促进农民专业合作社快速发展。

五、合作社主要岗位人员设定

为了提高规模型农民专业合作社的经营管理水平，还应设置财务人员、技术人员、营销人员等。

（一）财务人员

主要负责以发生业务为依据的记账、算账和报账、现金收支等会计核算，及时地提供真实可靠的、能满足各方需要的会计信息，对本社实行会计监督，拟订本单位办理会计事务的具体办法，参与拟定经济计划、业务计划，考核、分析预算、财务计划的执行情况等。

（二）技术人员

受合作社经理委托，主要负责合作社技术引进、新产品开发研究、新技术应用、技术指导与监督等，同时对社员提供种植、养殖等相关的技术服务，规范工艺流程，制定技术标准，抓好技术管理，实施技术监督，以及协调各部门之间的工作等。

技术服务部门主要负责技术指导、人员培训、设备维护等。

（三）营销人员

营销人员负责按理事会制定的年度生产计划制定具体的实施方案、及时掌握市场动态、谋划营销策略、实施营销宣传、拓展销售渠道、制定本社产品收购价格和销售价格并报理事会批准；对内与合作社社员签订本社产品收购合同，对外与销售商签订本社产品销售合同；按合同约定做好合同的履行兑现；负责对经济合同纠纷的诉讼工作；负责本社产品的加工，创优本社产品品牌。

市场营销部门主要负责产品的销售、开发与资金回笼等。

第二节 农民专业合作社的制度

农民专业合作社规范发展是维护成员合法权益、增强农民专业合作社发展内在动力的客观要求。健全农民专业合作社规章制度，依法依章办事，才能实现农民专业合作社的健康发展。规范的农民专业合作社一般需要制定以下制度。

一、严格执行农民专业合作社章程

章程是决定农民专业合作社发展方向的根本制度，是农民专业合作社运行管理的基本遵循。指导农民专业合作社参照示范章程，制定符合自身特点的章程。农民专业合作社要根据生产经营活动和自身发展变化及时修改完善章程。章程一经法定程序通过，必须严格执行。

二、实行年度报告制度

农民专业合作社要通过企业信用信息公示系统定期向工商部门报送年度报告。有关部门根据年报公示信息，加强对农民专业合作社的监督管理和配套服务，对没有按时报送信息或在年报中弄虚作假的农民专业合作社，列入经营异常名录，并不得纳入示范社评定和政策扶持范围。

三、明晰产权关系

农民专业合作社应明确各类资产的权属关系。村集体经济组织、企事业单位、种养大户等领办农民专业合作社的，应严格区分其与农民专业合作社之间的产权。农民专业合作社公积金、财政补助资金形成的财产、捐赠财产应依法量化到每个成员。成员以其账户内记载的出资额和公积金份额为限对农民专业合作社承担责任。财政补助形成的资产转交农民专业合作社持有和管护的，应明确资产权属，建立健全管护机制。农民专业合作社接受国家财政直接补助形成的财产，在解散、破产清算时，不得作为可分配剩余资产分配给成员。

四、完善协调运转的组织机构

农民专业合作社要依法建立成员（代表）大会、理事会、监事会等组织机构。各组织机构要切实履行职责，密切协调配合。成员（代表）大会是农民专业合作社的最高权力机构，每年至少召开一次，决策部署本社重大事项，选举和表决实行一人一票制加附加表决权。理事会是执行机构，负责落实成员（代表）大会决定，管理日常事务。监事会是监督机构，代表全体成员监督理事会的工作。理事会和监事会会议的表决，实行一人一票。规范经理选聘程序和要求,明确经理工作职责。理事长、理事、经理和财务会计人员不得兼任监事。

五、健全财务管理制度

指导农民专业合作社认真执行农民专业合作社财务会计制度,配备会计人员或将农民专业合作社财务进行委托代理,设置会计账簿,规范会计核算,并及时向登记机关和农村经营管理部门报送会计报表,并抄报有关行业主管部门。从事会计工作的人员,必须取得会计从业资格证书,会计与出纳互不兼任。理事长、监事会成员及其直系亲属、执行与农民专业合作社业务有关公务的人员,不得担任农民专业合作社的财务会计人员。

六、建立成员账户和管理档案

农民专业合作社应为每个成员建立成员账户,准确记载成员出资额、公积金量化份额、与农民专业合作社交易量(额)等内容。加强档案管理,建立符合自身产业特点、行业要求的基础台账,包括成立登记、年度计划、规章制度、会议记录(纪要)以及产品加工、收购、购销合同等文书档案,会计凭证、账簿、成员盈余分配等会计档案以及其他档案。

七、收益分配公平合理

收益分配事关农民专业合作社成员的切身利益。农民专业合作社应按照法律和章程制定盈余分配方案,经成员(代表)大会批准实施。可分配盈余中,按成员与农民专业合作社的交易量(额)比例返还的总额不得低于可分配盈余的60%;剩余部分依据成员账户中出资额、公积金份额、财政补助和社会捐赠形成的财产平均量化的份额,按比例进行分配。农民专业合作社可以由章程或成员（代表）大会决定，对成员为农民专业合作社提供管理、技术、信息、商标使用许可等服务或作出的其他突出贡献，给予一定报酬或奖励，在提取可分配盈余之前列支。农民专业合作社可以从当年盈余中提取公积金、公益金和风险金。农民专业合作社不得将成员作为牟利对象，其与成员和非成员的交易应当分别核算。

八、定期公开社务

指导农民专业合作社建立社务公开制度，法律章程要求公开的必须向成员如实公开，逐步实现公开事项、方式、时间、地点的制度化。理事会须依法编制年度业务报告、盈余分配方案、亏损处理方案以及财务会计报告，于成员（代表）大会召开的15日前，置备于办公地点，供成员查阅。执行监事或者监事会负责对农民专业合作社年度业务报告和财务会计报告进行内部审计，农民专业合作社也可委托审计机构进行财务审计，审计结果须向成员（代表）大会报告。

第三节　农民专业合作社的运营模式

一、公司+合作社+社员

这个模式是以公司为基础，公司牵头组建合作社，社员入股参与分红，该模式为合作社提供产销一体化发展，有利于社员或农户稳定获利。

案例：山东久和农牧科技发展公司先期在山东省诸城市林家村镇三皇庙社区的8个自然村成立了8个合作社，每个合作社大约有20位社员，每位社员出资1万~2万元，村干部出资3万~5

万元，建设投资 27 万元的现代化养殖大棚 2 栋，每栋生猪存栏达 600 余头，出栏后根据出资额度进行分红。

二、党支部+合作社+贫困户

这个模式是党支部牵头组建合作社的形式，并且发挥党支部的作用，凝聚合力为脱贫攻坚提供良好的基础。

案例：海南省三亚市育才生态区马脚村采用"党支部+合作社+贫困户"的帮扶模式，由党支部请专业技术人员来进行技术培训，合作社提供场地和原材料，农户种养殖后享受分红。同时，引进多种特色产业，保障了 153 户巩固提升户生产生活，让 724 名脱贫村民远离贫困，走上致富道路。

三、合作社+大户

这个模式是合作社牵头吸纳种植、养殖大户加入合作社，并且帮扶农户或社员开展生产，从而助力合作社发展壮大。

案例：广西壮族自治区南宁市宾阳县陈平镇引导无劳动能力无启动资金的贫困户加入农业合作社，发展产业，鼓励能人大户参与到脱贫攻坚工作，通过与能人大户研究，提出贫困户以产业扶贫资金为基础，加入合作社，每年以入股资金的 10% 作为分红，贫困户不承担合作社经营风险，满 3 年可以退出股金，促进贫困户增产增收。

四、龙头企业+合作社+农户

这个模式以龙头企业为基础，龙头企业与合作社签订合作关系，帮助农户解决生产和营收难题。

案例：吉林省松原市松原粮食集团，把松原市的粮食资源有效整合，通过统一加工、包装、营销，提高知名度，把松原的粮食做成有市场影响力的品牌。松原粮食集团与合作社之间，以股份为纽带，形成利益联结关系：公司的发展惠及农民专业合作社；加入合作社的农户统一由松原粮食集团公司提供种子、肥料，没钱购买种子、肥料的农户可先在公司"赊账"，待收购粮食时再"还款"，按照跟合作社签订的合同，农户的粮食由松原粮食集团全部回收。

如此，合作社与农民之间建立互助合作机制，合作社盈余实行按股分红与按交易额分红相结合，保证了农产品的附加值惠及农民手中。

五、合作社+农户

这个模式主导是合作社，此模式特别适合产业单一的合作社，帮助合作社技术和品种引进或推广。通过"合作社+农户"的模式可以提高农户参与的积极性，并且帮助合作社做强做大。

案例：湖北省天门市横林镇是一个农业大镇，耕地面积8.2万亩，主要种植水稻和棉花。近两年，该镇依托农业专业合作社，引导农户开展稻田综合种养新模式，成效初显。除了1万亩的虾稻连作基地，该镇还依托四海养殖专业合作社，规划稻鳅共生基地。四海合作社与农户合作推广稻鳅共生，由合作社免费向农户提供种子、技术和肥料，并出资对田块进行改造。产出的稻谷归群众所有，合作社回收泥鳅价格比市场价更高。

六、互联网+合作社

这个模式是合作社借助"互联网"的优势从生产、销售两端发力，互联网帮助合作社生产端提高效率，同时合作社借助互联网销售产品。

案例：四川省遂宁市蓬溪县向前养羊专业合作社采用"互联

网+特色养殖"实现年销售700多万元。该合作社理事长唐向前组建黑山羊合作，并且建设了合作社官方网站，将合作社和养殖基地的环境、品种、饲养过程都放在官网上供大家观看，并做了相应的一些推广。同时，养殖基地还对购买客商进行一对一的养殖技术指导，后期还派技术团队对售出的牛羊情况进行跟踪辅导，保证牛羊的存活率和生长状况。每年网络销售黑山羊达400多万元。

唐向前全面推广黑山羊寄养，帮助更多的贫困群众摆脱贫困状况。与此同时，合作社还投资300余万元新建了秸秆加工厂，以200元/吨和400元/吨的价格对秸秆和稻草进行收购然后"变废为宝"加工成饲料。秸秆回收，既解决了农作物秸秆"处理难"的问题，又保证了牛羊饲料，同时也增加群众收入。

七、合作社+农户+家庭农场+公司

这个模式就是一个大熔炉，合作社是该模式的衔接者和操盘者，合作社为农户、家庭农场、公司服务，达到最优资源配置、实现利益双方的利益最大化。

案例：四川省广安市武胜县荣华生态花椒种植专业合作社探索出了以"合作社+农户+家庭农场+公司"的全新运营模式，采取农户土地入股分红，并鼓励有思想、有创业意愿而没有资金的农户创业组建家庭农场加入合作社，使他们成为合作社生产发展的中坚力量，家庭农场主要负责生产管理环节，同时，合作社吸引了有资金、懂运营、善营销的团队以农业公司加入合作社，由公司进行线上网店线下实体等全网营销。

该合作社找准合作、协调、共享、服务的思路定位，"服务"是合作社的全部工作，为农户、为家庭农场在种植、加工中科学技术的引进、培训学习、社会事务的协调管理进行服务，为公司在品牌的创立及包装、运作宣传、金融核算、会计报表等业务的管理进行服务。

八、土地托管

土地托管就是在不改变土地所有权的情况下，农民将耕、种、收等生产环节全部交给合作社，农民拥有土地收益，合作社按服务项目获得报酬。

农户的土地进行托管后，土地的收益全部归农民，如农民的产品需要出售，有的合作社还会高于市场价予以回购，最大程度地保障农民利益。同时，合作社还会与农民签订托管服务合同，明确双方权利义务，并严格按照合同约定履行服务承诺。农民自愿选择合作社的服务，并根据实际服务情况，与合作社结算费用。

案例：山东省济南市长清区长清永盛农机作业专业合作社托管土地3 179亩，在为农民提供全程作业服务的同时还一次性回购种粮大户450亩小麦，让农民既能轻轻松松种地，安安心心收获，也能腾出剩余劳动力和时间外出打工或从事其他产业。

九、物权合作社

该合作社模式借助"物权"关系助力合作社的发展，帮助合作整合土地资源和发展资金。

案例：四川省绵阳市安州区花荄镇太平村壮源贡呈种养合作社的试点中，积极探索"农户+村组+企业"共商模式，逐一厘清物权关系。同时以村民小组为单位成立物权合作社，农户将自己的空闲房屋、林地、塘堰等经村民小组登记后，召开村民小组会议进行认定后，由组物权合作社按照"物权"的数量、资源的实际价值提出"物权合作社的总价值"按股份入股合作社，

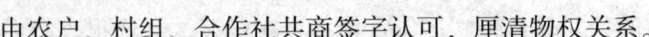

由农户、村组、合作社共商签字认可,厘清物权关系。

壮源贡呈种养合作社也要按照协议对村组进行盈利分红,再由村组按认定价值支付农户红利。村民入股合作社,合作社分红于村民,不仅给合作社带来稳定的发展环境,也给村民带来可持续性收入,形成农业增效、农户增收的良性循环,由点及面,影响更多村组接纳、采用"物权合作社"的新模式。

十、合作社+基地+农户

该模式以"基地"为核心,合作社和农户都是围绕着如何做大基地,从而获得利益分红的模式。

案例:江苏省徐州市广浩食用菌专业合作社实行"合作社+基地+农户"的经营模式,合作社累计投入资金800多万元,建起了122亩的生产基地,建成食用菌专业调温大棚120余栋,拥有冷库、烘干房等配套设施,实现年产菌棒200万个,年产鲜蘑菇75万千克,产值达1 200万元。

该合作社成功打造了集制种、智能化生产、加工、销售、培训、农作物废料综合利用为一体的产业链条,初步建成了"基地化种植、规模化推进、产业化经营"的现代化新型合作社。

第六章　农民专业合作社经营管理

第一节　农民专业合作社生产管理

一、标准化生产的相关概念

农业标准化就是以农业为对象的标准化活动，即运用"统一、简化、协调、选优"的原则，通过制定和实施标准，把农业产前、产中和产后各个环节纳入标准生产和标准管理的轨道。农业标准化的过程，就是运用现代科技成果改造传统农业的过程，是以现代工业理念谋划和建设现代农业的过程。

农民专业合作社作为农业标准化实施载体，应按照"一个合作社（龙头企业）、一个基地、一批品牌"的要求，完善内部执行标准体系，重点加强病虫害防治、养殖、加工、贮存、运输、灌溉、排水、道路等基础设施建设。在规范标准化示范园区方面，一是要利用政府资金支持加强农田水利设施建设、加强农产品检测室建设、加大示范园区大棚建设、硬化园区主干道路等，有效改善园区基础设施，为推进标准化生产创造良好的硬件条件；二是要规范农产品生产种植操作规程，完善农产品生产档案、检测记录，完善农产品质量追溯制度，真正从源头上根除质量安全隐患，实现农产品质量安全工作及农业标准化基地建设的重大改善。

二、农业标准化生产的内容

农业标准化生产的内容十分广泛,主要有以下 8 个方面。

(一) 农业基础标准

农业基础标准是指在一定范围内作为其他标准的基础并普遍使用的标准,包括在农业生产技术中涉及的名词、术语、符号、定义、计量、包装、运输、贮存、科技档案管理及分析测试标准等。

(二) 种子、种苗标准

种子、种苗标准主要包括农、林、果、蔬等种子、种苗,种畜、种禽、鱼苗等品种种性和种子质量分级标准、生产技术操作规程、包装、运输、贮存、标志及检验方法等。

(三) 产品标准

产品标准是指对产品必须达到的某些或全部要求制定的标准,主要包括农林牧渔等产品品种、规格、质量分级、试验方法、包装、运输、贮存、农机具标准、农资标准以及农业用分析测试仪器标准等。

(四) 方法标准

方法标准是指以试验、检查、分析、抽样、统计、计算、测定、作业等各种方法为对象而制定的标准,包括选育、栽培、饲养等技术操作规程、规范、试验设计、病虫害测报、农药使用、动植物检疫等方法或条例。

(五) 环境保护标准

环境保护标准是指为保护环境和有利于生态平衡,对大气、水质、土壤、噪声等环境质量、污染源检测方法以及其他有关事项制定的标准,包括水质、水土保持、农药安全使用、绿化等方面的标准。

(六) 卫生标准

卫生标准是指对食品饲料及其他方面的卫生要求而制定的农

产品卫生标准,主要包括农产品中的农药残留及其他重金属等有害物质残留允许量的标准。

(七)农业工程和工程构件标准

农业工程和工程构件标准是指围绕农业基本建设中各类工程的勘察、规划、设计、施工、安装、验收,以及农业工程构件等方面需要协调统一的事项所制定的标准,包括塑料大棚、种子库、沼气池、牧场、畜禽圈舍、鱼塘、人工气候室等。

(八)管理标准

管理标准是指对农业标准领域中需要协调统一的管理事项所制定的标准,如标准分级管理办法、农产品质量监督检验办法及各种审定办法等。

三、农业标准化实施

农业标准的实施程序是一个复杂、系统的工程。由于合作社社员的自身素质和认识程度参差不齐,在执行标准过程中难免会出现各种问题,需要引起合作社的足够重视,找出切实方法,引导农民认真执行合作社所制定的各项农业标准,积极推进农业标准化工作的顺利展开。农业标准化实施程序如下。

(一)思想准备

要使合作社全体社员及各方面参与方了解实施标准化的重要意义和作用,自觉运用标准、执行和维护标准。

(二)组织准备

为加强对实施标准工作的领导,根据工作量大小,应组成由董事会牵头、农技人员组成的工作组,或设置专门机构负责标准的贯彻和实施。

(三)技术准备

包括制作宣传、培训材料,培训社员和各方面参与方;制定相关岗位工作规程（作业指导书）；对关键技术进行攻关；必要时开展标准实施的试点工作。

（四）物资条件准备

包括所需的设备、仪器、工具、农业生产资料等。

（五）进行试点

农业技术标准在全面贯彻实施前，合作社可根据需要，选择有代表性的社员进行标准实施试点。在试点时可采取"双轨制"，即贯彻标准与未贯彻标准相互比较，积累数据，取得经验，为全面贯彻标准创造条件。

（六）全面实施

合作社在标准实施过程中要特别强调在生产各环节均应做到有标可依、有标必依，严格执行标准，在实施中进一步强化社员和各方面参与方执行标准的观念。

（七）检查、总结与改进

检查与总结是合作社实施标准的重要控制环节，通过检查要进一步证实标准的可行性和适用性，发现问题，总结经验，及时改进。检查中应不仅对标准使用与执行情况及执行效果进行评估，还应对管理体系进行检查和评估，并对评估的结论进行总结，提出改进计划，落实改进措施。

第二节　农民专业合作社营销管理

一、创建品牌

（一）品牌化是衡量农业现代化水平的核心标志

1. 品牌对农产品消费者的意义重大

对消费者来讲，耳熟能详的品牌名称是一种信誉的凝结。品牌一旦在老百姓心目中确立起来，就可以成为象征质量和安全的符号，老百姓就会放心地购买和持续的消费。所以，消费者对农产品的认知度、忠诚度、满意度、美誉度，是测度农业现代化水平的决定性因素。品牌的声誉将逐渐成为农产品消费的主要趋向，特别在多元化消费的时代，品牌的声誉将引导农产品的消费。产品如果得不到消费者的认同，将对现代农业建设成果产生一票否决的影响。

2. 品牌对农业发展方式转变的意义重大

品牌化的过程就是实现区域化布局、专业化生产、规模化种养、标准化控制、产业化经营的过程。品牌化有利于促进农业由资源型或者资源消耗型向资源节约型转变，由数量型、粗放型向质量型、效益型转变。在农业结构调整的重要时期，推进品牌化有重要意义。

3. 品牌对农民增收的意义重大

品牌是无形资产，其价值就在于能够建立稳定的消费群体，形成稳定的市场份额。滞销卖难的农产品很多都没有品牌。我国要充分发挥农耕文化的原生资源优势，加强对农业产业核心资源的提供，实现价值的聚合效应，增加农民收入。

4. 品牌对提高农产品国际竞争力的意义重大

我国是农业大国，不少农产品产量和消费量均居世界第一。但是缺少一批具有国际竞争力的农产品品牌。我国不少优势农产品只能占据低端市场，无法带来更高溢价。因此，要挖掘我国农产品丰富的人文价值，整合国家力量来实现顶层设计与品牌的有效组合，创造中国国家品牌，提高农产品的国际竞争力。

（二）农民专业合作社品牌建设的问题

1. 品牌意识不牢

随着市场经济的快速发展以及近年来中央相关政策的大力扶

持,特别是农业部将 2017 年作为农业品牌推进年,让很多农民专业合作社看到了品牌农业是未来农业产业升级的必然趋势,纷纷着手打造自己的品牌。但是,大部分农民专业合作社受自身人员素质不高、专业人才缺乏的制约,对品牌知识缺少积累,仅仅停留在"完成注册便是有了品牌"阶段,没有将品牌视作一项巨大的无形资产,更没有将品牌的打造与农民专业合作社的发展战略相结合。

2. 管理能力不强

当前,农民专业合作社成员组成基本以农户为单位,在生产中虽有一定程度合作,但更多的是以家庭为单位的分散生产,使得农民专业合作社品牌管理问题十分突出。首先,产品很难做到同牌同质。虽然农产品因自身特性,不可能像工业品一样品质完全相同,但过大的品质差异凸显了管理薄弱,其在生产端的表现是管理不够精细与科学,在消费端的表现为单件商品间品质差异明显,难以形成良好的品牌印象。其次,品牌使用随意性很大。成员在使用品牌时,存在品牌图形标志、品牌名称等混乱的现象,在市场上难以形成统一的品牌印象。此外,不少成员没有严格履行向合作社交付产品的义务,将品质较好的产品单独包装出售,或者出售给出价较高的其他收购者,既影响了农民专业合作社品牌产品的整体体量与质量,又对合作社品牌拓展造成了冲击。

3. 传播效果不佳

随着信息技术的快速发展,合作社品牌往往被淹没在信息的海洋中,普遍面临"酒香也怕巷子深"的困境。不少合作社较多地强调"合作"功能而弱化"经济"功能,对品牌的传播既缺少足够的动力,也缺乏相应的能力。在传播渠道方面,虽然合作社可借助微信、抖音等平台进行传播,但仍然缺少足够的能够

第六章 农民专业合作社经营管理

有效触及消费者的传播渠道。在传播内容方面，合作社品牌传播文章内容较为单调，很多都是相关领导的参观活动，即使有对成员、产品的介绍，内容质量也普遍不高，专门针对品牌内涵、品牌文化等的内容更是少之又少。在传播形式方面，文字描述以及现场照片基本涵盖了全部的传播形式，缺少能与潜在消费者或客户群体互动的手段。

（三）合作社品牌建设提升要点

1. 品牌建设科学规范

品牌打造是一项系统工程，需要从多个方面共同完成。在战略层面，品牌的成长与成熟意味着合作社的发展与壮大。因此，合作社应尽早制定品牌发展战略，并将其与整个合作社的发展战略相结合。在操作层面，应注意2个方面的规范：一是产品生产过程中的规范。良好的品质无疑是农产品品牌最核心的要素。合作社要为成员生产提供更多的规范与管理帮助，包括精细的田间管理操作规程、时间节点把控、农资统一管理等。制定合理的分级标准，设定规范的筛选流程，保证流通端商品同牌同品同质。二是在品牌使用中的规范。品牌作为重要的无形资产，其商标图形和名称具有受到法律保护的排他性，合作社应该制定严格的使用授权制度，未授权者不得使用，成员也不可擅自将产品包装、标签等物品交给未授权人使用。品牌商标与名称一旦确定，应严格按照注册内容使用，不能随意变更形状、名称，严格维护品牌形象。

2. 品牌定位精准明晰

区别于其他商品是品牌最初形成的基本功能之一。如今，消费者需求呈现追求品质、个性等多样化多层次特点。合作社要既看到市场需求，同时审视自身定位，对品牌精准定位。一是合作社自身发展定位精准。对自身所处发展阶段有精确的定位，根据

农民专业合作社建设与管理

自身实力开展适当的品牌打造活动。合作社产品的产量、质量都是品牌建设的重要基础,没有可靠的产量保障,品牌影响力很难维持,没有过硬的质量保证,很难形成重复购买,品牌的美誉度与忠诚度无从谈起。二是产品目标群体定位精准。农产品因其自身特性,一方面个体间很难实现品质完全统一,另一方面农产品之间同质化严重。因此,合作社应根据自己产品特性,精确定位目标消费群体,将有限的资源更有效地投入品牌打造中。

3. 品牌设计好看好用

我国农产品一直以来都以"土"为贵,如土特产、土鸡蛋、土猪肉等。这种思想导致了一直以来包括产品包装在内的农产品视觉系统缺少真正的设计,没有跟上时代的步伐。在品牌设计中,合作社应侧重从2个层面进行提升:一是实用美,在现代商业美学中,商品包装的易用性、安全性与功能性都是美的组成部分,当前,很多合作社产品包装都是简单地"包"上"装"起来,让产品不再零散便完成了,忽略了消费者在使用中的体验,合作社在产品包装的设计中要注重功能性与实用性,在提供产品保护的同时方便携带、方便使用;二是观赏美,一件赏心悦目的商品总是能够给消费者带来单纯商品功能以外的心理满足与价值感受,这就要求在品牌设计中注意专业的艺术设计与视觉传达,这方面有很多成功的案例,值得合作社学习借鉴。

4. 品牌传播顺势借力

在品牌建设中,合作社自身资源与实力有限,要善于借助外部力量。近几年的中央一号文件都有涉及农业品牌化的内容,社会各界也非常关注农业品牌建设。合作社应抓住机会、顺势而为,积极对接各类资源,讲好自己的故事,让自己品牌的精神、文化与内涵为更多人所了解。此外,随着农业品牌化的大力推进,各地政府品牌意识不断增强,纷纷利用自有地标产品进行农产品区域公用品牌的升级打造，从品牌战略规划、形象设计、落地执行到传播，都给予了大力投入与支持。合作社可以积极地参与到区域品牌的建设当中，与区域品牌形成品牌联动。一方面，可以借助政府公信力，让区域品牌为自有品牌背书；另一方面，可以通过区域品牌拓展自有品牌的传播渠道，扩大品牌传播的覆盖范围。

二、营销渠道

农民合作社生产出的农产品怎么才能卖得出去，卖个好价钱呢？这是营销的核心价值，很重要的一点就是找到适合自己的营销渠道。目前，农民专业合作社大多采取地头销售、中间人、农超对接、直营店和网络直销等形式。

（一）地头销售、中间人模式

很多规模较小的农民合作社都采用这种形式。

这种方式的好处是农产品直接进入批发销售环节，销售流通成本较低，比较省心；不足之处是由于产品是卖给批发环节，销售价格一般都很低而且波动大，容易受控制，合作社相对处于被动地位，失去了销售环节的利润，而又承担风险。这就是老百姓常说的"种菜的不如倒菜的"。

（二）企业带动模式

企业带动模式即以合作社为组织载体，通过订单、合同、保护价收购等形式，使生产初级农产品的农户，与农产品加工销售企业建立的一种稳定的产供销关系，进而形成的一种产销连接、相互依存、共同发展的利益机制。这是农民合作社常见且风险较小的产品销售方式，其优点是降低了交易成本，减少了市场风险，农民取得了稳定的生产收入。

（三）农超对接

这是一种较为流行的销售模式。农超对接模式即组织有一定规模且标准化程度高、生产基础条件好的农民合作社,直接与大中型超市签订供销协议。通过与超市合作,有效组织分散农户与市场进行对接,实现农产品统一销售,减少流通环节,降低流通成本20%~30%,合作社的农产品在质量及价格上都得到了有效的提升,不但给消费者带来实惠,增加了农民收入,而且也为合作社健康、快速发展起到了积极的促进作用,实现商家、成员、消费者共赢。

（四）农社对接

农民专业合作社采取直销方式向社区消费者直接提供农产品,如专营店、专柜或直销店。直销的优点是可以直接控制产品的价格,减少中间环节利润的流失,增加合作社销售收入;缺点是产品单一,无法满足居民购菜的多样化需要。农民合作社主要从事一种或几种农产品的种养活动,品种少、产量小、季节性强,产品供应不稳定,时常出现难以满足社区菜店常年均衡供应的需要。农社对接这种销售模式对合作社的要求较高,一般应具备一定的经济实力、较强的营销能力和数量较大的产品规模。

（五）网络销售

随着互联网的迅速普及以及网络支付、移动支付、物联网等新兴事物的迅速崛起,近年来,网络销售得以快速发展,并大有颠覆传统销售模式之势,农产品的网络销售也随之兴起。大胆使用信息化技术和工具进行农产品的营销,包括电脑、网络、物流等必备要素。此种模式不但有效地实现了从地头到餐桌安全农产品供应链建设,实现了农产品的无缝销售,而且使农产品质量安全得以保障,生产者与消费者获得了双赢。

（六）观光采摘销售模式

观光采摘销售模式即合作社通过发展观光、休闲、采摘农业,以田园观光采摘形式直接销售农产品。

第六章　农民专业合作社经营管理

随着城市居民收入水平的提高及民俗观光旅游业的发展，观光采摘成为越来越多的城市居民休闲、度假、娱乐的一种生活方式，而合作社利用农业与旅游业交叉的方式，增加农产品的附加值，成为了一种新的营销模式。

（七）产销模式

可以借鉴我国台湾地区农产品产销模式，发展农产品产销服务组织，如农产品产销合作社，将传统农业生产扩展到加工、处理、运输，延长农业的产业链条。一方面，生产前做好规划，生产规划迎合消费者的市场需要，做到产供销一体化，农业是弱质产业，容易受到外在因素的干扰，故应重视危机管理和预警体系的建立，生产前有完善的规划，对可能发生的气候变化、市场风险或其他意外，预先采取防范措施；另一方面，拓宽信息来源渠道，了解市场动态需求。通过多种渠道调查市场动态信息，并将信息灵活运用，选择有利的销售渠道。不仅将产品转型为商品，更要提升为礼品或者艺术品，赋予农产品新的价值，凸显新的文化特色，科学阐释养生功能，提升农业的文化层次和综合价值。

第三节　农民专业合作社人员管理

一、成员的入社与退社

（一）新成员的入社

入社，是指合作社接纳新成员的过程，即在合作社存续期间，现有合作社成员以外的公民、企业、事业单位或者社会组织申请加入合作社并被合作社接纳，从而成为合作社新的成员。考虑到已成立的农民专业合作社，其经营范围、组织机构、财务分配等都已成形，如果有新的成员加入可能会打乱现有模式，有的甚至影响合作社的运行。因此,有必要在法律中对新成员的入社进行规定,防止损害合作社现有成员的权益。根据《农民专业合作社法》第二十四条的规定,申请加入已成立的合作社的新成员,必须是符合本法第十九条规定的公民、企业、事业单位或者社会组织,合作社接纳新成员后要符合第二十条规定的成员构成比例,并且加入已成立的合作社须履行一定的程序。

1. 向理事长或者理事会提出书面申请

理事长是合作社的法定代表人,理事长或者理事会负责具体经营管理工作,全面掌握合作社的情况,新成员要求加入合作社的,首先应当向理事长或者理事会提出书面申请,理事长或者理事会在提交成员大会或者成员代表大会表决前,可对申请加入者进行简要审核,审核其是否符合《农民专业合作社法》规定的资格条件,本社是否符合《农民专业合作社法》规定的成员构成比例等情况,可向成员大会或者成员代表大会提出是否接纳新成员的意见,供成员大会或者成员代表大会参考,但理事长或者理事会没有决定权,在成员大会或者成员代表大会表决中也仅仅享有一票,最终是否接受新成员应由成员大会或者成员代表大会表决通过。

2. 经成员大会或者成员代表大会表决

成员大会或者成员代表大会,是合作社的权力机关,负责就合作社的重大事项作出决议。吸收新成员入社,对合作社的运营有可能产生影响,属于合作社的重大事项,因此,须经成员大会或者成员代表大会表决通过后,才可吸收新的成员加入。达不到《农民专业合作社法》第三十条规定的本社成员表决权总票数过半数通过的,就不能成为合作社的新成员。当然,合作社对表决权数有较高规定的,应按合作社的规定。

(二)成员的退社

退社主要有两种情形。一是主动退社,例如,有的成员根据

第六章 农民专业合作社经营管理

自身实际情况,认为合作社的发展与自己的预期不符而主动提出退社;二是被迫退社,因成员出现了法定事由被除名,使该成员非自愿地失去成员资格。

1. 主动退社

"入社自愿、退社自由"是农民专业合作社坚持的原则,也是合作社成员的基本权利,是成员自主决定是否行使的权利。也就是说成员有自由选择加入合作社的权利,也有要求退出的权利。在生产经营过程中,当有的成员认为合作社提供的服务不方便,提供的服务效益较低,成员不愿意或者客观上不能利用合作社提供的服务时,就可以选择退社。成员自主选择退社的原因多种多样,合作社不能非法限制或禁止。但是,为了不影响合作社的正常运行及其他成员的利益,《农民专业合作社法》第二十五条规定,成员要求退社的应当按照本条或者章程规定的时间提出申请,并办理相关手续后,方可退社。

一是退社申请时间。为了给合作社调整业务的准备时间,成员提出退社申请一般应受提前通知合作社的限制。根据本条规定,自然人成员要求退社的,应当在会计年度终了的3个月前提出;企业、事业单位或者社会组织成员要求退社的,应当在会计年度终了的6个月前提出。合作社可根据自身业务情况,由章程另行规定提出退社申请的期限。

二是退社程序。合作社成员要求退社,是成员行使自己的权利,不需要任何批准,只要向理事长或者理事会提出书面申请,办理相关手续即可。

三是资格终止时间。由于成员退社时,合作社需要通过对盈余状况进行总结,以确定退社成员的盈余分配和亏损承担份额。因此,成员实际退社的时间还要受方便结算的限制。年度中途成员如随时退社,不仅合作社的事务处理麻烦,业务的执行也会发

农民专业合作社建设与管理

生障碍。因此,本条规定退社成员的成员资格自会计年度终了时终止。

需要指出的是,退社自由不是自由退社。实践中,自由退社与任意限制或禁止退社现象都存在。自由退社,使合作社的经营资产始终处于一种不断变动的状态,无法获得更多的商业信用和发展空间,影响合作社的正常运行,导致合作社的效率低下。有的合作社任意限制或禁止退社,主要是为了获得政府扶持资金。当前,有的政府资金支持同合作社成员人数挂钩,合作社为了获取政府资金,不惜通过各种手段增加成员的数量。由于担心成员退社导致政府扶持资金的减少或丧失,有的合作社便限制或禁止成员退社。本条关于主动退社的规定,仅仅对退社申请和资格终止的时间作出了规定,可理解为适度限制,有利于保障合作社的正常运行和维护其他成员的权益。

2. 成员除名

农民专业合作社是为谋求全体成员的共同利益而成立的,当某个成员不遵守农民专业合作社的章程、成员大会或者成员代表大会的决议,或者严重危害其他成员及农民专业合作社利益的,合作社其他成员经过法定程序后,可以对该成员予以除名。但是,除名毕竟是多数成员强制剥夺个别成员资格的行为,应当慎重,否则就有可能产生多数成员联合起来排挤少数成员的情况,损害少数成员的利益。因此,修订后的《农民专业合作社法》专门增加一条,即第二十六条,对成员除名的事由、程序等作出了较为具体的规定,以保障被除名成员的权益不受侵犯。

一是除名的事由。根据本条第一款的规定,合作社成员有下列情形之一的,经成员大会或者成员代表大会表决通过,可以将其除名:不遵守农民专业合作社的章程、成员大会或者成员代表大会的决议;严重危害其他成员及农民专业合作社利益的。本条

第六章 农民专业合作社经营管理

规定强调的是"严重危害"其他成员及农民专业合作社利益，哪些属于严重危害行为，可由合作社章程具体规定。

二是除名的程序。根据本条第二款和第三款的规定，成员的除名，应当经成员大会或者成员代表大会表决通过。在表决通过前，应当为该成员提供陈述意见的机会。除名，实际上是某个成员的成员资格被其他成员强制剥夺的过程，启动除名程序应当慎重，不能仅由农民专业合作社理事长或经理等几个人说了算，必须启动正式程序，由成员大会或者成员代表大会表决通过。同时，除名对被除名成员的利益影响较大，被除名的成员处于被动状态。为防止其他成员利用除名的形式排挤某一成员，损害合作社及该成员的合法权益，在实施表决通过前，还应当为该成员提供陈述意见的机会，成员大会或者成员代表大会可根据拟被除名成员的陈述意见作出判断，是否将其除名。实施除名既要保护合作社的合法权益不被侵犯，也要保护被除名成员的权益。

三是成员资格的终止时间。根据本条第四款的规定，被除名成员的成员资格自会计年度终了时终止。成员大会或者成员代表大会召开的时间可能与会计年度存在时间差，因此，被除名成员经成员大会或者成员代表大会表决通过后，其成员资格并没有立即终止，需等会计年度终了时终止。

3. 成员退社后其与合作社的合同是否继续履行以及其对合作社的盈余分配和债务分担等问题

无论是主动退社还是被动除名，该成员与合作社的合同是否继续履行以及其对合作社的盈余分配和债务分担等问题，应按照《农民专业合作社法》第二十七条和第二十八等规定处理。即成员资格终止的，除章程另有规定或者与本社另有约定外，成员在其资格终止前与农民专业合作社已订立的合同，应当继续履行；农民专业合作社应当按照章程规定的方式和期限，退还记载在该成员账户内的出资额和公积金份额；对成员资格终止前的可分配盈余，依照《农民专业合作社法》第四十四条的规定向其返还；资格终止的成员应当按照章程规定分摊资格终止前本社的亏损及债务。

二、成员的教育培训

（一）培训需求分析

培训需求分析是培训工作的起点，需求决定培训目标的确立，影响培训课程的设计，对培训的效果起着至关重要的作用。在进行需求分析时，培训主体应与培训客体和培训对象进行充分的信息交流与沟通，根据合作社的需要、培训对象的类型、文化层次等进行分类确定，根据具体的需求有针对性地培训，满足个体自身发展和合作社发展的需要，避免千篇一律式的培训。

（二）确定培训目标

在培训实践中，培训对象不同，培训的目标是不一样的。对于普通合作社社员，培训的目标是"生产知识教育"，即通过讲座、讨论、学习有关的农业生产基本知识，以提高全体社员的生产能力和减少在农业生产中出现的错误，从而更好地把农业生产中的先进成果运用到具体的实际中，并用正确的手段解决具体的问题；对于管理人员则是通过专业知识的讲授，提高其管理能力。根据目前农民合作社的现实，培训目标可分为：知识目标、能力目标、信念目标，其中，知识目标为基础层次，能力目标是中间层次，而信念目标是最高层次。

（三）培训实施管理

培训实施管理是完成培训目标和计划的过程。这个阶段工作主要是确定培训讲师、筛选培训内容、明确培训对象和选择培训方法。

(1) 确定培训讲师。合作社的培训讲师应由专业合作社研究方面的专家教授、优秀合作社带头人、农业种养殖技术方面的专业人才及农业科技人员等成员组成。

(2) 筛选培训内容。合作社培训内容应根据培训目标来决定,围绕知识、能力和信念进行设计,其中,知识和能力培训是重点,信念培训是核心。

农民合作社的知识培训主要包括:合作社的基本概念及理论、农民专业合作社法、合作社章程、合作社登记管理条例、合作社的组建方法、合作社的各种制度如财务制度、入股及分红制度等,还包括农业技术技术知识的培训,如种植技术、除害技术、嫁接技术和机械化操作技术、先进种养殖技术等。

农民合作社的能力培训主要包括:合作社财务会计制度、农产品质量安全、农产品运输贮藏、品牌管理、税收制度、市场经济、经营管理等内容,还包括谈判、营销策略、沟通协调等技能。

信念层面是培训的核心,信念培训的主要内容包括:合作社的价值、理念及原则、合作社的文化理念作为合作社社员应具备的合作、奉献、民主意识等。

(3) 明确培训对象。根据我国农民合作社发展的实际,合作社的培训对象包括以下人员:合作社工作人员,如合作社工作者、合作社推广员、合作社辅导员等;合作社管理人员,如合作社理事长、监事长、经营管理层人员;合作社社员;从事合作社管理的各级政府干部、合作社服务机构人员、合作社教育机构的人员等。在实际操作中,培训对象不同,培训内容也不同,需要设计针对性的培训方案。

(4) 选择培训方法。农民合作社的培训应根据不同的培训对象、内容采取灵活多样的培训方法。农民合作社培训的方法主要有课程讲授、技术讲座、经验讨论、实地操作、远程教育、实地考察、案例研讨、角色扮演和田头学校等。

(四) 培训效果评估

培训效果评估是检验培训需求分析是否准确、培训目标制定是否恰当、培训内容和方法是否适合、培训实施是否严格的参考标准，是以后培训改进的参考依据，是对此次培训工作的总结和对以后培训工作顺利开展的前提基础，在培训体系中起着十分重要的作用。培训效果评估一般从反应、知识、行为和结果4个层面进行展开，如表6-1所示。

表6-1 培训效果评估内容及方法

评估层面	评估内容	评估方法	评估时间
反应	受训者对培训的满意度、受训者对培训的建议	问卷、面谈、学员参与配合情况	培训结束时
知识	受训者的知识、技能、态度、习惯等方面有多大程度的提高和改善	笔试测验、现场演示、讨论、角色扮演	培训结束时、培训结束后半个月
行为	受训者是否应用培训所学于工作，受训者的行为有何改进	观察法、带头人自我评价及合作社会员评价	培训结束3个月后
结果	个人及组织的工作质量、绩效是否有所提高，是否达到了预期的培训目标	绩效考核	培训结束后的半年或一年后

第四节 农民专业合作社风险管理

一、农民专业合作社的主要风险

农民专业合作社受其经营产业、生存环境和成员素质等因素的影响,面临诸多风险的袭扰,其中主要风险如下。

(一) 制度风险

一些农民专业合作社内部组织不健全,很多组织制度都是在设立登记时直接照抄照搬的,没有实际的使用意义。内控制度不完善,章程不明确,产权不明晰,理事会、监事会职责不清,会员权利、义务不明,大多数农民专业合作社由理事长一人说了算,成员大会、理事会、监事会很难起到民主管理、民主监督的作用。甚至基本上不开会,大部分问题直接是少数几个人电话沟通解决,没有会议记录,在公平和民主上达不到真正的透明。

(二) 管理风险

《农民专业合作社法》对设立农民专业合作社应具备的条件及申请设立登记有明确规定,但在实际操作过程中,存在很大的随意性,可操作性较差。由于农民专业合作社的一些成员对法律及农民专业合作社运营过程中的事项不明确,对各项财务法规等规章制度不了解,管理水平总体相对落后。工商部门只管注册登记,不对申报材料的真实性进行考究,部分农民专业合作社已解散多年,而工商部门仍未注销。部分农民专业合作社在运营过程中实际上是名存实亡。

(三) 道德风险

有些农民专业合作社在设立时提供的材料严重失实,注册资金弄虚作假,大部分以实物出资,出资资产不实,有的没有固定的办公场所,甚至会员数量构成与实际不符。部分农民专业合作社成立的动机不纯,只想以获取国家优惠政策补贴为基准,套取项目资金和银行贷款为目的。有的农民专业合作社通过挤占会员贷款和变相套取银行贷款用于发展其他实体经济或投资自己的产业,实质上变成了"钓鱼"项目。

(四) 法律风险

农民专业合作社法律风险大量存在。如有的农民专业合作社私自解散，因债权、债务不清而产生纠纷；有的农民专业合作社注册资本出资额虚假；有的挪用贷款或成员资金等，这些问题严重损害了成员的利益，在出现问题的同时，由于没有相关的证据为依据，在法律解决的过程中存在着很大的弊端。

（五）财务风险

农民专业合作社的成员大部分都是农民，由于法律知识的匮乏，规模大小的限制，在筹资及经营过程中存在着较大的财务风险，这些风险在所有风险中显得尤为重要。主要表现为筹资风险、运营风险、税务风险、资金流动性风险、盈余分配风险等。

在筹资过程中，大部分出资为实物出资为主，现金出资为辅，出资存在一定风险。实物出资存在公允价值计量的问题。以生物资产为主要实物资产。生物资产的公允价值计量一直是财务会计界的一个难点。由于信息不对称，实物出资者对出资的生物资产信息最充分，农民专业合作社其他成员获取的生物资产信息相对不充分。

在经营过程中，生物资产存在较大风险。按财务会计角度，在农民专业合作社中生物资产主要以植物性生物资产和动物性生物资产为主。生物资产具有生命特征，管理、环境气候、病虫害等条件会对生物资产的生命形态产生较大影响。例如，干旱和病虫害会对植物性生物资产的生命形态产生较大的影响，人为管理也会对生物资产的生命形态产生较大影响，如对动物性生物资产的喂食和植物性生物资产的施肥、灌溉等。因此，生物资产具有生命形态特性决定了生产经营中生物资产具有较大的风险。

在税收管理中的风险。按照现行税收政策，符合一定条件，农民专业合作社可以享受流转税和企业所得税减免税优惠政策。这些具体条件包括账务健全和为农民专业合作社成员购置和提供的农资与服务；另外，从事种植、养殖等初级农产品业务的，也可以享受流转税和企业所得税减免优惠政策。这些税收减免优惠政策的条件，要求明确，标准具体，不符合条件的，要按规定缴纳税款。目前，农民专业合作社由于股东人员素质、治理结构和管理团队等多种因素，财务制度和内部控制制度不健全，财务机构不健全，财务人员配备不合理，不少农民专业合作社对征免税项目不能分开核算，不能取得发票和其他合法票据，存在较大的税收风险。

资金流动性风险。由于农民专业合作社社员大部分采用实物投资，生物资产销售又受到其生命周期影响，只有处在一定生命周期状态的生物资产才可以销售，这在果木种植专业合作社表现尤其明显。而农民专业合作社在正常生产运营过程中，人员工资、设备和低值易耗品购置以及日常费用报销需要一定的流动资金。据了解，不少农民专业合作社一旦发生这些情况，需要农民专业合作社成员重新增资入社。农民专业合作社资金流动性不足，对农民专业合作社的运营、品牌价值产生了不利影响，存在一定风险。

在盈余分配过程中，农民专业合作社存在一定的舞弊风险。一般农民专业合作社成员并不实际或者全程参与管理，理事会的治理结构难以落实到位，按出资分配和按交易量分配盈余并存，容易引起舞弊风险，从而带来法律风险。另外，农民专业合作社农产品定价的舞弊风险对盈余分配也会产生一定影响。

二、农民专业合作社的风险防范

在农民专业合作社实际运营的过程中，必须采取有效的措施规避各种潜在的风险，使农民专业合作社健康稳固地发展。企业对财务风险的应对措施主要有接受风险、规避风险、降低风险和转移风险4种。农民专业合作社控制风险的总原则是结合自身的特点，认真分析风险产生的原因，充分考虑风险应对的成本和收益，权衡利弊，采取合适有效的风险应对措施。

(一) 加强领导，加大政策支持力度

各级政府及有关部门，应制定发展规划，建立培训长效机制，加强对管理人员、农民专业合作社成员和专业技术人员的培训。有关部门要加强对农民专业合作社的日常监督和指导，制定操作规程和考核办法。政府部门要加大财政扶持力度，进一步提高财政资金的使用效益。

(二) 规范管理，加强农民专业合作社自身建设

农民专业合作社内部规范管理是其能否健康、持续发展的关键，建立和规范内部管理制度是壮大农民专业合作社的前提和基础。有关部门应帮助农民专业合作社健全运行制度，逐步实现民主管理，建立严格的监督约束机制、合理的利益分配机制、风险补偿和积累机制，增强风险防范和补偿能力，以保证农民专业合作社发展的稳定性和连续性。

(三) 委托专业人士进行财务管理和相关专业管理

委托专业人士进行财务管理和专业管理实质是一种业务外包。农民专业合作社业务外包可以发挥社员的农业技术优势，避免财务管理和相关专业管理上的劣势。委托外包可以有效规避税收风险和财政补助风险，降低生物资产在筹资出资、生产运营的部分风险，控制各个过程的舞弊风险。

(四) 建立严格的舞弊赔偿处罚制度

在农民专业合作社章程中设立较为严格和具有较强操作性的舞弊赔偿制度。例如，建立举报有奖制度，提高舞弊风险的（及时）发现概率，同时，对舞弊者处以较高的赔偿处罚制度，除了全部承担损失或收益归农民专业合作社所有外，还可以设立处以若干倍的处罚，处罚收入归农民专业合作社其他成员所有。舞弊

的高发现概率和高额赔偿处罚,可以有效控制舞弊风险。

(五) 购买农业保险和补充商业保险

自然灾害和病虫害对生物资产造成的减产等损失,可以通过购买农业保险来控制,还可以购买部分商业保险弥补农业保险保额的不足。这样,对于农民专业合作社来说,可以有效降低生物资产的不可控风险。这实质是风险转嫁策略,把部分生物资产风险转移给政府和商业保险机构。

1. 农业保险种类

农业保险按农业种类不同分为种植业保险、养殖业保险;按危险性质分为自然灾害损失保险、病虫害损失保险、疾病死亡保险、意外事故损失保险;按保险责任范围不同,可分为基本责任险、综合责任险和一切险;按赔付办法可分为种植业损失险和收获险。

2. 农业保险险种

中国开办的农业保险主要险种有农产品保险,生猪保险,牲畜保险,奶牛保险,耕牛保险,山羊保险,养鱼保险,养鹿、养鸭、养鸡等保险,对虾、蚌珍珠等保险,家禽综合保险,水稻、油菜、蔬菜保险,稻麦场,森林火灾保险,烤烟种植,西瓜雹灾、香梨收获、小麦冻害、棉花种植、棉田地膜覆盖、雹灾等保险,苹果、梨等保险。

3. 政策性农业保险和商业性农业保险的区别

政策性农业保险是指国家为了实现保护和发展农业的目的,对其实行一定政策和资金扶持的农业保险险种。它与商业性保险有着本质的区别。从保险目的上来看,政策性农业保险以实施贯彻政府政策为首要目标,有着明确的公共利益取向;而商业性保险是以盈利为目的,属于保险公司的个体行为。从保险形式上看,政策性农业保险既可采取强制性形式,也可采用自愿参保的方式；而商业性保险则表现为自愿和非强制性的特点。从保险费的赔偿设计上来看，政策性农业保险通常带有相对固定金额的特点；而商业性保险的保费设计具有对称的、非固定金额的特征。

（六）盈余提取风险准备金

农民专业合作社从盈余中提出一定比例的金额，建立风险准备金，从而提高农民专业合作社综合应对的抗风险能力。这实质是通过建立自身储备来"以丰补歉"，用"时间交错配合"来抵抗风险，防止农民专业合作社面临破产清算风险。从总体上说，这属于风险接受的控制策略。

（七）创新机制，提高金融服务效率

相关金融机构要将农民专业合作社纳入信用等级评定范围；建立信贷倾斜机制，实施差别化的支持措施，重点支持产业基础牢、带动农户多、规范管理好、信用记录良好的农民专业合作社；建立灵活授信机制，对列入重点支持对象的，在向其成员开展贷款授信的同时，加大对组织结构规范的法人农民专业合作社直接授信的力度；优化审批手续，对符合贷款条件的农民专业合作社实行周转使用的方式，提高资金使用效率；采取灵活担保方式，解决农民专业合作社及成员贷款担保难问题。此外，在风险可控的前提下，应鼓励涉农金融机构创新金融产品，做到扶持一个农民专业合作社，带动一个特色产业，搞活一地农村经济，致富一方农民。

第七章 农民专业合作社财务管理

第一节 资产管理

资产是指合作社过去的交易或者事项形成的、合作社拥有或者控制的、预期会给合作社带来经济利益的资源。合作社的资产按流动性分为流动资产和长期资产。

一、流动资产管理

(一) 货币资金管理

货币资金包括库存现金和银行存款等。

合作社要加强货币资金管理,建立货币资金业务的岗位责任制,明确相关岗位的职责权限。明确审批人和经办人对货币资金业务的权限、程序、责任和相关控制措施。合作社收取现金时手续要完备,使用统一规定的收款凭证。加强现金库存限额管理,合作社取得的所有现金均应及时入账,不准以白条抵库,不准挪用,不准公款私存。合作社要及时、准确地核算现金收入、支出和结存,做到账款相符。要组织专人定期或不定期清点核对现金。合作社要定期与银行、信用社或其他金融机构核对账目。支票和财务印鉴不得由同一人保管。对重要或额度较大的货币资金收支业务,应当集体决策和审批,并建立责任追究制度,防范贪污、侵占、挪用货币资金的行为。本社银行账号、账户不得出租、出借或转让，不得将公款外借，禁止以合作社名义为其他单位和个人提供担保。

（二）应收款项管理

合作社的应收款项包括本社成员和非本社成员的各项应收及暂付款项。合作社对拖欠的应收款项要采取切实可行的措施积极催收。对确实无法收回的应收及暂付款项，按规定程序批准核销。

（三）存货管理

农民专业合作社的存货包括种子、化肥、燃料、农药、原材料、机械零配件、低值易耗品、农产品、工业产成品、受托代销商品、受托代购商品、委托代销商品和委托加工物资等。

存货按照下列原则计价：购入的物资按照买价加运输费、装卸费、运输途中的合理损耗等计价；受托代购商品视同购入的物资计价；生产入库的农产品和工业产成品，按生产过程中发生的实际支出计价；委托加工物资验收入库时，按照委托加工物资的成本加上实际支付的全部费用计价；受托代销商品按合同或协议约定的价格计价，出售受托代销商品时，实际收到的价款大于合同或协议约定价格的差额计入经营收入，实际收到的价款小于合同或协议约定价格的差额计入经营支出；委托代销商品按委托代销商品的实际成本计价。领用或出售的出库存货成本的确定，可在"先进先出法""加权平均法""个别计价法"等方法中任选一种，但是一经选定，不得随意变动。

合作社要加强存货管理，建立保管人员岗位责任制。存货入库时，保管员清点验收入库，填写入库单；出库时，由保管员填写出库单，主管负责人批准，领用人签名盖章，保管员根据批准后的出库单出库。

合作社对存货要定期盘点核对，做到账实相符，年末必须进行一次全面的盘点清查。盘亏、毁损和报废的存货，按规定程序批准后，按实际成本扣除应由责任人或者保险公司赔偿的金额和残料价值后的余额，计入其他支出。

二、长期资产管理

长期资产是指不能够或者不准备在 1 年（含 1 年）或超过 1 年的一个营业周期内变现或耗用的资产。具体包括农业资产、对外投资、固定资产和无形资产等。

（一）农业资产管理

合作社的农业资产包括牲畜（禽）资产和林木资产等。

农业资产按下列原则计价：购入的农业资产按照购买价及相关税费等计价；幼畜及育肥畜的饲养费用、经济林木投产前的培植费用、非经济林木郁闭前的培植费用按实际成本计入相关资产成本；产役畜、经济林木投产后，应将其成本扣除预计残值后的部分在其正常生产周期内按直线法分期摊销，预计净残值率按照产役畜、经济林木成本的 5% 确定，已提足折耗但未处理仍继续使用的产役畜、经济林木不再摊销；农业资产死亡毁损时，按规定程序批准后，按实际成本扣除应由责任人或者保险公司赔偿的金额后的差额，计入其他收支；合作社其他农业资产，可比照牲畜（禽）资产和林木资产的计价原则处理。

（二）对外投资管理

合作社根据国家法律、法规规定，可以采用货币资金、实物资产或者购买股票、债券等有价证券方式向其他单位投资。

合作社的对外投资按照下列原则计价。

以现金、银行存款等货币资金方式向其他单位投资的，按照实际支付的款项计价。

以实物资产（含牲畜和林木）方式向其他单位投资的，按照评估确认或者合同、协议确定的价值计价。

合作社以实物资产方式对外投资,其评估确认或合同、协议确定的价值必须真实、合理,不得高估或低估资产价值。实物资产重估确认价值与其账面净值之间的差额,计入资本公积。

合作社对外投资分得的现金股利或利润、利息等计入投资收益。出售、转让和收回对外投资时,按实际收到的价款与其账面余额的差额,计入投资收益。

合作社要加强对外投资业务管理,明确审批人和经办人的权限、程序、责任和相关控制措施。合作社的对外投资业务(包括对外投资决策、评估及其收回、转让与核销),应当由理事会提交成员大会决策,严禁任何个人擅自决定对外投资或者改变成员大会的决策意见。合作社应当建立对外投资责任追究制度,对在对外投资中出现重大决策失误、未履行集体审批程序和不按规定执行对外投资业务的人员,应当追究相应的责任。合作社应当对对外投资业务各环节设置相应的记录或凭证,加强对审批文件、投资合同或协议、投资方案书、对外投资有关权益证书、对外投资处置决议等文件资料的管理,明确各种文件资料的取得、归档、保管、调阅等各个环节的管理规定及相关人员的职责权限。合作社应当加强对投资收益的控制,对外投资获取的利息、股利以及其他收益,均应纳入会计核算,严禁设置账外账。

(三) 固定资产管理

合作社的房屋、建筑物、机器、设备、工具、器具和农业基本建设设施等,凡使用年限在1年以上、单位价值在500元以上的列为固定资产。有些主要生产工具和设备,单位价值虽低于规定标准,但使用年限在1年以上的,也可列为固定资产。

合作社以经营租赁方式租入和以融资租赁方式租出的固定资产,不应列作合作社的固定资产。

合作社应当根据具体情况分别确定固定资产的入账价值。

（1）购入的固定资产不需要安装的，按实际支付的购买价加采购费、包装费、运杂费、保险费和交纳的有关税金等计价；需要安装或改装的，还应加上安装费或改装费。

（2）新建的房屋及建筑物、农业基本建设设施等固定资产，按竣工验收的决算价计价。

（3）接受捐赠的全新固定资产，应按发票所列金额加上实际发生的运输费、保险费、安装调试费和应支付的相关税金等计价；无所附凭据的，按同类设备的市场价加上应支付的相关税费计价。接受捐赠的旧固定资产，按照经过批准的评估价值或双方确认的价值计价。

（4）在原有固定资产基础上进行改造、扩建的，按原有固定资产的价值，加上改造、扩建工程而增加的支出，减去改造、扩建工程中发生的变价收入计价。

（5）投资者投入的固定资产，按照投资各方确认的价值计价。

合作社必须建立固定资产折旧制度，按年或按季、按月提取固定资产折旧。固定资产的折旧方法可在"平均年限法""工作量法"等方法中任选一种，但是一经选定，不得随意变动。合作社应当对所有的固定资产计提折旧，但是，已提足折旧仍继续使用的固定资产除外。合作社当月或当季度增加的固定资产，当月或当季度不提折旧，从下月或下季度起计提折旧；当月或当季度减少的固定资产，当月或当季度照提折旧，从下月或下季度起不提折旧。固定资产提足折旧后，不管能否继续使用，均不再提取折旧；提前报废的固定资产，也不再补提折旧。

固定资产变卖和清理报废的变价净收入与其账面净值的差额计入其他收支。固定资产变价净收入是指变卖和清理报废固定资产所取得的价款减清理费用后的净额。固定资产净值是指固定资产原值减累计折旧后的净额。

合作社要加强固定资产管理,建立人员岗位责任制。应当定期对固定资产盘点清查,做到账实相符,年度终了前必须进行一次全面的盘点清查。盘亏及毁损的固定资产,应查明原因,按规定程序批准后,按其原价扣除累计折旧、变价收入、过失人及保险公司赔款之后,计入其他支出。

合作社的在建工程指尚未完工,或虽已完工但尚未办理竣工决算的工程项目。在建工程按实际消耗的支出或支付的工程价款计价。形成固定资产的在建工程完工交付使用后,计入固定资产。对正在施工的建筑工程和安装工程,要求施工单位将工程项目进度及时报送,按相关规定审查工程进度,按工程实际完成情况支付工程款,建立严格的工程款支付责任制度和制约程序。对金额较大的在建工程项目应约定质保期和质保金。在建工程部分发生报废或者毁损,按规定程序批准后,按照扣除残料价值和过失人及保险公司赔款后的净损失,计入工程成本。单项工程报废以及由于自然灾害等非常原因造成的报废或者毁损,其净损失计入其他支出。

(四)无形资产管理

合作社的无形资产是指合作社长期使用但是没有实物形态的资产,包括专利权、商标权、非专利技术等。无形资产按取得时的实际成本计价,并从使用之日起,在预计使用年限内平均摊销,计入成本费用。转让无形资产取得的收入,计入其他收入;转让无形资产的成本,计入其他支出。

三、资产盘点管理

每年年度终了,合作社应当对应收款项、存货、对外投资、农业资产、固定资产、无形资产等资产进行全面检查，对于已发生损失但尚未批准核销的各项资产，应在资产负债表补充资料中予以披露。这些资产包括：①确实无法收回的应收款项；②盘亏、毁损和报废的存货；③无法收回的对外投资；④死亡毁损的农业资产；⑤盘亏、毁损和报废的固定资产及在建工程；⑥注销和无效的无形资产。

合作社应当定期或不定期对与资产有关的内部控制制度进行监督检查，对发现的薄弱环节，应当及时采取措施，加以纠正和完善。

第二节 负债管理

负债是过去的交易、事项形成的现时义务，履行该义务预期会导致经济利益流出合作社。合作社的负债分为流动负债和长期负债。

一、流动负债管理

流动负债是指偿还期在1年以内（含1年）的债务，包括短期借款、应付款项、应付工资、应付盈余返还、应付剩余盈余等。

短期借款主要是指合作社从银行、信用社或其他金融机构，以及外部单位或个人借入的期限在1年以下的各种借款。应付款项主要是指合作社与非成员之间发生的各种应付及暂收款项，包括因购买产品物资和接受劳务、服务等应付的款项以及应付的赔款、利息。应付工资是指合作社应支付给管理人员及固定员工的工资总额，包括在工资总额内的各种工资、奖金、津贴、补助等；合作社支付给临时人员的报酬，不通过应付工资核算。应付盈余返还是指合作社按成员与本社交易量（额）比例返还给成员的盈余，返还给成员的盈余不得低于可分配盈余的60%。应付剩余盈余是指合作社以成员账户中记载的出资额和公积金份额，以及本社接受国家财政直接补助和他人捐赠形成的财产平均量化到本社成员的份额，按比例分配给本社成员的剩余可分配盈余。

二、长期负债管理

长期负债是指偿还期超过1年（不含1年）的债务，包括长期借款、专项应付款等。长期借款主要是指合作社从银行、信用社或其他金融机构，以及外部单位和个人借入的期限在1年以上（不含1年）的各种借款。专项应付款是指合作社接受国家财政直接补助的资金。

合作社的负债按实际发生的数额计价，利息支出计入其他支出。对因债权人特殊原因确实无法支付的应付款项，计入其他收入。

合作社要加强借款业务管理，明确审批人和经办人的权限、程序、责任和相关控制措施。不得由同一人办理借款业务的全过程。合作社应当对借款业务按章程规定进行决策和审批，并保留完整的书面记录。合作社应当在借款各环节设置相关的记录、填制相应的凭证，并加强有关单据和凭证的相互核对工作。合作社应当加强对借款合同等文件和凭证的管理。合作社应当定期或不定期对借款业务内部控制进行监督检查，对发现的薄弱环节，应及时采取措施，加以纠正和完善。

第三节 所有者权益管理

所有者权益是合作社所有者在合作社享有的经济利益，其金额为资产减去负债后的余额。合作社的所有者权益包括股金、专项基金、资本公积、盈余公积、未分配盈余等。股金是合作社通过成员入社出资、投资入股、公积金转增等形成的。专项基金是合作社通过国家财政直接补助转入和他人捐赠形成的。资本公积是成员入社投入的，但不能构成"股金"的货币资金和实物资产。合作社收到成员入社投入的资产，应按双方确认的价值计入相关资产，按享有合作社注册资本的份额计入股金，双方确认的价值与按享有合作社注册资本的份额计算的金额的差额，计入资本公积。盈余公积是合作社按照章程规定或成员大会决定，从当年盈余中提取的具有专门用途的基金。未分配盈余是合作社留余以后年度分配的盈余，其计算公式如下：未分配盈余＝本年盈余＋年初未分配盈余－本年已分配盈余。

本年盈余计算公式如下：本年盈余＝经营收益＋其他收入－其他支出。

其中：经营收益＝经营收入＋投资收益－经营支出－管理费用。

投资收益是指投资所取得的收益扣除发生的投资损失后的数额，包括对外投资分得的利润、现金股利和债券利息，以及投资到期收回或者中途转让取得款项高于账面余额的差额等。投资损失包括投资到期收回或者中途转让取得款项低于账面余额的差额。

合作社在进行年终盈余分配工作以前，要准确地核算全年的收入和支出；清理财产和债权、债务，真实完整地登记成员个人账户。

第四节 收入与成本费用管理

一、收入管理

合作社的经营收入是指合作社为成员提供农业生产资料的购买，农产品的销售、加工、运输、贮藏以及与农业生产经营有关

农民专业合作社建设与管理

的技术、信息等服务取得的收入,以及销售合作社自己生产的产品、对非成员提供劳务等取得的收入。合作社一般应于产品物资已经发出,服务已经提供,同时收讫价款或取得收取价款的凭据时,确认经营收入的实现。

合作社的其他收入是指除经营收入以外的收入。如罚款收入、违约金收入、存款利息收入等。

合作社按照《农民专业合作社财务制度》建立健全各种会计账簿,进行会计核算;合作社的所有收入一律纳入账内核算,不准设账外账,合作社的收入业务使用专门的收据,不准匿报收入等。

合作社要加强销售业务管理,明确审批人和经办人的权限、程序、责任和相关控制措施。合作社应当按照规定的程序办理销售和发货业务。应当在销售与发货各环节设置相关的记录、填制相应的凭证,并加强有关单据和凭证的相互核对工作。合作社应当按照有关规定及时办理销售收款业务,应将销售收入及时入账,不得账外设账。合作社应当加强销售合同、发货凭证、销售发票等文件和凭证的管理。

二、成本费用管理

合作社要加强采购业务管理,明确审批人和经办人的权限、程序、责任和相关控制措施。合作社应当按照规定的程序办理采购与付款业务。应当在采购与付款各环节设置相关的记录、填制相应的凭证,并加强有关单据和凭证的相互核对工作。在办理付款业务时,应当对采购发票、结算凭证、验收证明等相关凭证进行严格审核。合作社应当加强对采购合同、验收证明、入库凭证、采购发票等文件和凭证的管理。

(1)生产成本。合作社的生产成本是指合作社直接组织生产或对非成员提供劳务等活动所发生的各项生产费用和劳务成本。

（2）经营支出。合作社的经营支出是指合作社为成员提供农业生产资料的购买，农产品的销售、加工、运输、贮藏以及与农业生产经营有关的技术、信息等服务发生的实际支出，以及因销售合作社自己生产的产品、对非成员提供劳务等活动发生的实际成本。

（3）管理费用。管理费用是指合作社管理活动发生的各项支出，包括管理人员的工资、办公费、差旅费、管理用固定资产的折旧、业务招待费、无形资产摊销等。

（4）其他支出。其他支出是指合作社除经营支出、管理费用以外的支出。

第五节　盈余分配管理

一、盈余分配的规定

分配制度是农民专业合作社财产制度的核心组成部分，不仅是合作社产权结构、内部治理机制的重要体现，也是合作社经济绩效的直接反映。与此同时，农民专业合作社的盈余分配规则又与社员出资密切相关。根据《农民专业合作社法》关于"财务管理"的规定以及2022年印发的《农民专业合作社财务制度》的相关规定，我国农民专业合作社盈余分配制度主要包括3方面内容。

（一）可分配盈余及其构成

作为特殊的经济组织形式，农民专业合作社的业务活动有其自身特点，即为成员提供服务而开展业务。但法律为适应农民专业合作社发展的实际，又赋予合作社章程就一些具体经济活动事项作出具体规定的权利，如是否为非成员服务及其服务价格等。因此，农民专业合作社的业务活动既包括为成员提供服务，也包括为非成员提供服务。其中，合作社成员与农民专业合作社的交易为内部交易，非成员与农民专业合作社的交易则为外部交易。基于农民专业合作社的经济组织特性，法律将农民专业合作社的总收入扣除各项支出后的部分，以"盈余"概念界定之，与公司的利润概念相区分。结合农民专业合作社业务活动的特点，合作社盈余在来源上，包括内部交易和外部交易产生的盈余，以及合作社对外投资产生的收益。而在弥补亏损、提取公积金后的当年盈余，则为农民专业合作社的可分配盈余，即盈余中依法向成员返还或者分配的部分。

（二）盈余分配原则与规则

作为合作社盈余分配的重要依据，农民专业合作社应当为每个成员设立成员账户，主要记载该成员的出资额、量化为该成员的公积金份额以及该成员与本社的交易量（额），即成员账户主要记载成员出资和交易量（额）。作为主要为成员服务的互助性经济组织，农民专业合作社的盈余分配遵循惠顾返还原则，即可分配盈余按成员与本社的交易量（额）比例返还的返还总额不得低于可分配盈余的60%。此外，为调动成员出资的积极性，充分考虑成员出资在合作社运作和获得盈余中的作用以及适当保护出资成员的利益，法律同时也允许部分可分配盈余以成员账户记载的成员出资为依据进行分配，具体来说，就是返还后的剩余部分，以成员账户中记载的出资额和公积金份额，以及本社接受国家财政直接补助和他人捐赠形成的财产平均量化到成员的份额，按比例分配给本社成员。

（三）可分配盈余转出资规定

成员出资的来源，除成员履行章程规定义务的出资和公积金量化而来的出资外,还包括由可分配盈余转化而来的出资。经成员(代表)大会决议通过,可以将全部或者部分可分配盈余转为对合作社的出资,并记载在成员账户中。

二、盈余分配的制定

具体分配办法按照章程规定或者经成员(代表)大会决议确定。农民专业合作社的理事长或者理事会应当按照章程规定,组织编制年度业务报告、盈余分配方案、亏损处理方案以及财务会计报告,于成员大会召开的 15 日前,置备于办公地点供成员查阅。

第六节 合作社成员账户管理

根据《农民专业合作社法》相关规定,农民专业合作社成立后,应当为每位成员设立成员账户,记载成员的出资额、公积金量化金额、国家财政扶持资金和接受他人捐赠量化金额、成员交易情况及盈余分配情况。

(1)出资额管理。农民专业合作社成员可以以货币、实物、知识产权及其他非货币财产作价出资,出资额应记载于成员账户中。

(2)国家财政扶持资金和接受他人捐赠量化金额管理。农民专业合作社接受的国家财政直接补助和他人捐赠,均按章程规定的方法确定的金额入账,作为本社的资金(产),按照规定用途和捐赠者意愿用于本社的发展;所形成的财产平均量化为成员份额(该份额作为合作社成员参与剩余盈余分配的比例依据),并记载在成员个人账户中,但成员在中途退社时不能退还这部分资金形成的财产。在解散、破产清算时,由国家财政直接补助形成的财产，不得作为可分配剩余资产分配给成员，处置办法按照国家有关规定执行；接受他人的捐赠，与捐赠者另有约定的，按约定办法处置。

（3）成员与合作社之间的产品交易明细情况应如实记录在《农民专业合作社成员交易明细账》中，同时可根据实际需要将明细或总体情况在成员账户中予以记载，作为合作社盈余分配和剩余盈余分配的依据。产品交易的账务处理需通过成员往来科目进行核算。

具体分配办法按照章程规定或者经成员大会决议确定。

第八章 农民专业合作社合并、分立、解散和清算

第一节 农民专业合作社的合并

一、农民专业合作社合并的概念

农民专业合作社合并是指2个或者2个以上的农民专业合作社通过订立合并协议，合并为一个农民专业合作社的法律行为。一般是为了某种共同的经营目的，如扩大生产经营规模，更好地为成员服务，开发服务项目等，合并组成一个社的情形。

二、农民专业合作社合并的类型

农民专业合作社合并根据形式可分为2类：一是创设式合并，指两个以上的社归并组成一个新社，而原有的社归于消灭的合并方式；二是吸收式合并，指一个以上的社归并于其他社，归并后只有一个社存续、被归并社均告消灭的合并方式。

三、农民专业合作社合并的程序

农民专业合作社合并不仅涉及全体成员的利益，而且涉及债

权人等相关者的利益,因此,合作社合并必须依照法定程序进行。

(一) 订立合并协议

参与合并的合作社各方,通常先由理事会代表各自的合作社签订合并协议。由于合作社合并须经成员大会特别决议方能进行,故理事会代表各自合作社签订的合并协议未经各自成员大会以特别决议方式通过是不能生效的。因此,这种合并协议是附条件协议,协议中必须明确:协议未经各自合作社成员大会决议通过,不发生法律效力。

(二) 通过合并协议

理事会代表各自合作社签订的合并协议,须经各自合作社成员大会以特别决议方式通过,方能发生法律效力。但需要明确几点:其一,如果合并的结果加重了成员的责任,如提高了每股金额等,那么,未经成员本人同意,对其不产生约束力;其二,对合并协议持有异议的成员,可以退出原合作社;其三,若参与合并的合作社有一方成员大会对合并协议决议不通过,除非有特别约定,否则原各方签订的合并协议即归无效。

(三) 编制资产负债表与财产清单

合并协议经各自成员大会决议通过后,参与合并的各方即应编制资产负债表与财产清单,并经审计部门审计确认。这些资产负债表、财产清单及审计部门出具的审计报告应当备置于合作社,以供合作社成员及其债权人查阅。

(四) 通知债权人

合作社进行生产经营,不可避免地会对外产生债权债务。合作社合并后,至少有一个合作社丧失法人资格,而且存续或者新设的合作社也与以前的合作社不同,对于合作社合并前的债权债务,必须要有人承继。为了保护债权人的利益,《农民专业合作社法》第四十六条规定，农民专业合作社合并，应当自合并决议作出之日起十日内通知债权人。合并各方的债权、债务应当由合并后存续或者新设的组织承继。

（五）实施合并

合并协议经参与合并各方成员大会决议通过后即发生法律效力，但是，合并协议发生法律效力并不等于参与合并的各方已经合并。参与合并的各合作社必须经过特定的合并行为，方能完成合并。在吸收合并中，消灭合作社的成员应当办理加入存续合作社手续，并应当迅速召集合并之后的成员大会，报告合并事项，有修改合作社章程必要的，应当进行修改，召开成员大会后，参与合并的各方合作社应当被视为已经合并。在新设合并中，应当推选专人起草合作社章程，召开创立大会，在创立大会完成后，参与合并的各方合作社应当被视为已经合并。

（六）合并登记

合作社合并后，应当及时申请登记。登记包括3种情况：其一，合并后存续的合作社，应当申请办理变更登记；其二，合并后消灭的合作社，应当申请办理注销登记；其三，合并后新设的合作社，应当申请办理设立登记。

第二节　农民专业合作社的分立

一、农民专业合作社分立的概念

农民专业合作社的分立是指一个农民专业合作社依法分成2个或者2个以上的农民专业合作社的法律行为。

《农民专业合作社法》第四十七条规定：农民专业合作社分立，其财产作相应的分割，并应当自分立决议作出之日起十日内通知债权人。分立前的债务由分立后的组织承担连带责任。但是，在分立前与债权人就债务清偿达成的书面协议另有约定的除外。

二、农民专业合作社分立的方式

农民专业合作社分立有新设分立和派生分立 2 种方式。一是新设分立。新设分立是指将原来的一个合作社依法分割成两个或者两个以上新的合作社的法律行为。新设分立后原合作社的法人资格消灭，原合作社应当依法办理注销登记；分立后的合作社应当依法办理设立登记，取得法人资格。但需说明的是，分立后的合作社要符合合作社设立的法定条件。二是派生分立。派生分立是指原合作社保留，但对其财产作相应分割，另外成立一个新合作社的法律行为。原有合作社由于发生财产分割等情况变化应当依法办理变更登记；派生的新合作社应当依法办理设立登记。无论原合作社办理变更登记还是派生的新合作社办理设立登记都应符合合作社成立的法定条件。

三、农民专业合作社分立的程序

第一，由成员大会或者成员代表大会依据《农民专业合作社法》的规定作出分立决议。

第二，通知债权人。合作社分立涉及债权人的利益，应当自作出分立决议之日起 10 日内通知债权人。

第三，签订分立协议。

第四，进行财产分割。包括对合作社债权、债务的分割。

第五，办理合作社分立登记。

四、农民专业合作社分立前债务的承担

农民专业合作社分立前债务的承担有以下 2 种方式：一是按

约定办理，债权人与分立的合作社就债务清偿问题达成书面协议的，按照协议的约定办理；二是承担连带责任，合作社分立前未与债权人就清偿债务问题达成书面协议的，分立后的合作社承担连带责任。债权人可以向分立后的任何一方请求偿还债务，被请求的一方不得拒绝。否则，债权人有权依照法定程序向人民法院提起诉讼。

第三节　农民专业合作社的解散

一、农民专业合作社解散的概念

农民专业合作社解散是指合作社因发生法律规定的解散事由而停止业务活动，最终使法人资格消灭的法律行为。

根据合作社是否自愿解散，可以将合作社解散分为自行解散和强制解散两种情况。

自行解散，也称为自愿解散，是指依合作社章程或成员大会决议而解散。这种解散与外在因素无关，而取决于合作社成员的意志。

强制解散是指因政府有关机关的决定或法院判决而发生的解散。

二、农民专业合作社解散的条件

农民专业合作社有下列情形之一的，应当解散。

（一）章程规定的解散事由出现

一般来说，解散事由是合作社章程的必要记载事项，合作社的设立大会在制定合作社章程时，可以预先约定合作社的各种解散事由。如果在合作社经营中，规定的解散事由出现，成员大会或者成员代表大会可以决议解散合作社。

(二) 成员大会决议解散

成员大会是合作社的权力机构,根据《农民专业合作社法》规定有权对合作社的解散事项作出决议。根据《农民专业合作社法》第三十条的规定,农民专业合作社召开成员大会,作出解散的决议应当由本社成员表决权总数的三分之二以上通过。章程对表决权数有较高规定的,从其规定。成员大会决议解散合作社不受合作社章程规定的解散事由的约束,可以在合作社章程规定的解散事由出现前,据成员的意愿决议解散合作社。根据《农民专业合作社法》第三十二条的规定,成员代表大会按照章程规定可以行使成员大会的部分或者全部职权。也就是说在设有成员代表大会且依照章程享有作出解散决议职权的农民专业合作社中,成员代表大会也可以作出解散的决议。

(三) 因合并或者分立需要解散

当合作社吸收合并时,吸收方存续,被吸收方解散;当合作社新设合并时,合并各方解散。当合作社分立时,如果原合作社存续,则不存在解散问题;如果原合作社分立后不再存在,则原合作社应解散。合作社的合并、分立决议均应由成员大会作出。

(四) 依法被吊销营业执照或者被撤销

依法被吊销营业执照是指合作社因违法行为,其已取得的营业执照被依法吊销,使其丧失合作社经营资格。依法被撤销是指合作社因已取得的合作社登记被依法撤销而丧失法人资格。如《农民专业合作社法》第七十条规定,农民专业合作社向登记机关提供虚假登记材料或者采取其他欺诈手段取得登记的,由登记机关责令改正,可以处以五千元以下罚款;情节严重的,撤销登记或者吊销营业执照。合作社被吊销营业执照或者被撤销登记的,应当解散。

三、农民专业合作社解散的流程

农民专业合作社解散应向登记机关申请撤销,代理申请人需提交的材料包括:清算组负责人或者法定代表人签署的《农民专业合作社注销登记申请书》。农民专业合作社成员大会或者成员代表大会依法作出的解散决议。指定代表或者委托代理人的证明。或农民专业合作社依法被吊销营业执照或者被撤销的文件。或人民法院的破产裁定、解散裁判文书。

第四节　农民专业合作社的清算

一、农民专业合作社清算概述

农民专业合作社清算是指农民专业合作社解散或者依法被撤销后,依法清理合作社的债权债务的行为。根据合作社法的规定,应当在解散事由出现之日起 15 日内由成员大会推举成员组成清算组,开始解散清算。逾期不能组成清算组的,成员、债权人可以向人民法院申请指定成员组成清算组进行清算,人民法院应当受理该申请,并及时指定成员组成清算组进行清算。

清算组自成立之日起接管农民专业合作社,负责处理与清算有关未了结业务,清理财产和债权、债务,分配清偿债务后的剩余财产,代表农民专业合作社参与诉讼、仲裁或者其他法律程序,并在清算结束时办理注销登记。

清算组应当自成立之日起 10 日内通知农民专业合作社成员和债权人,并于 60 日内在报纸上公告。债权人应当自接到通知之日起 30 日内,未接到通知的自公告之日起 45 日内,向清算组申报债权。如果在规定期间内全部成员、债权人均已收到通知,免除清算组的公告义务。

二、清算工作的内容

(一) 界定清算财产范围

清算财产包括宣布清算时，合作社账内账外的全部财产以及清算期间取得的资产等，都应当列入清算财产一并核算。但为保证清算规范和清算兑现，对已经依法作为担保物的财产相当于担保债务的部分，不能再列入清算财产。另外，为规范清算工作，保全合作社债权人与债务人的合法权益，避免以后发生误会或矛盾纠纷，在宣布经营终止前一定日期（如规定6个月或3个月等）至经营终止之日的期间内，如有发生隐匿私分或者无偿转让财产、压价处理财产、增加债务担保、提前清偿未到期的债务、随意放弃债权等财务行为的，应视为无效，涉及资产应作为清算财产入账。清算期间未经清算小组同意，不得处置合作社财产。

(二) 计算清算财产价值

对清算财产应进行合理作价，防止"图省事，估大堆"，要为清偿分配打下好的基础。根据会计客观性原则和权责发生制原则，对清算财产一般以账面净值或者变现收入等为依据计价，也可以重估价值或按聘请专业机构评估的结果为依据计价。但应注意，只要能够保持合作社清算工作顺利进行，各方当事人意见能够协调一致，就不必采取评估方式计价，以尽量简化工作程序，节约清算成本。合作社解散清算中发生的财产盘盈或者盘亏，财产变价净收入，因债权人原因确实无法归还的债务，确实无法收回的债权，以及清算期间的经营收益或损失等，全部计入清算收益或者清算损失。

(三) 确定财产清偿分配顺序

合作社进行解散清算中不产生共益债务，所以，在清算财产及收益确定后,依照惯例应首先拨付清算费用。然后按照农民专业合作社法规定的顺序,分配清偿相关的债务和应付款项,最后向成员分配清算完毕后的剩余财产。但清算资产不足以清偿债务的,应经依法申请破产转为破产清算。

三、清算工作的程序

清算工作的程序一般分为6个步骤,具体的流程操作如下。

(一)清算人员选任登记

清算人员被选任后,应当将清算人员的姓名、住址等基本情况及其权限向注册登记机关登记备案。首次确定的清算人员及其权限应当由合作社理事会申请登记;更换清算人员与改变清算人员权限应当由合作社清算组申请登记。法院任命或者解任清算人员的登记,也应当依此规定进行。

(二)处理合作社未了结事务

合作社未了结事务是指合作社解散的时候尚未了结的事务,一般指经营事务。为处理了结事务,清算中的合作社也可以与第三者发生新的法律关系。

(三)通知、公告合作社成员和债权人

合作社在解散清算时,由清算组通知本社成员和债权人有关情况,通知公告债权人在法定期间内申报自己的债权。为了顺利完成债权登记、债务清偿和财产分配,避免和减少纠纷,农民专业合作社法对清算组通知、公告合作社成员和债权人的期限和方式作了限定:清算组应当自成立之日起10日内通知本社成员和明确知道的债权人;对于不明确的债权人或者不知道具体地址和其他联系方式的,由于难以通知其申报权,清算组应自成立之日起60日内在报纸上公告,催促债权人申报债权。但如果在规定的期间内全部成员、债权人均已收到通知,则免除清算组的公告义务。债权人应在规定的期间内向清算组申报债权。具体来说，收到通知书的债权人应自收到通知书之日起 30 日内，向清算组申报债权；未收到通知书的债权人应自公告之日起 45 日内，向清算组申报债权。债权人申报债权时，应明确提出其债权内容、数额、债权成立的时间、地点、有无担保等事项，并提供相关证明材料，清算组对债权人提出的债权申报应当逐一查实，并作出准确翔实的登记。

（四）提出清算方案由成员大会确认

清算方案是由清算组制定的如何清偿债务、如何分配合作社剩余财产的一整套计划。清算组在清理合作社财产，编制资产负债表和财产清单后，应尽快制定包括清偿合作社员工的工资及社会保险费用、清偿所欠税款和其他各项债务以及分配剩余财产在内的清算方案。清算组制定出清算方案后，应报成员大会通过或者人民法院确认。

（五）实施清算方案，分配财产

清算方案经合作社成员大会通过或者人民法院确认后实施。分配财产是清算的核心。清算方案的实施必须在支付清算费用、清偿员工工资及社会保险费用，清偿所欠税款和其他各项债务后，再按财产分配的规定向成员分配剩余财产。如果发现合作社财产不足以清偿债务的，清算组应当停止清算工作，依法向人民法院申请破产。参照《中华人民共和国企业破产法》有关破产财产清偿顺序的规定，结合合作社的本质要求，合作社财产分配顺序应当是：支付清算费用和共益债务；支付合作社雇用人员工资和医疗、伤残补助、抚恤费用，所欠的应当划入雇员个人账户的基本养老保险、基本医疗保险费用以及法律、行政法规规定应当支付给雇员的补偿金；合作社欠缴的其他社会保险费用和所欠税款；清偿合作社债务，包括记入成员账户的成员与本社的交易

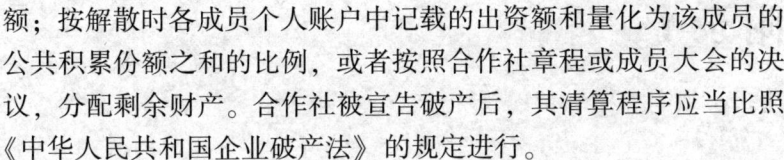

额；按解散时各成员个人账户中记载的出资额和量化为该成员的公共积累份额之和的比例，或者按照合作社章程或成员大会的决议，分配剩余财产。合作社被宣告破产后，其清算程序应当比照《中华人民共和国企业破产法》的规定进行。

（六）清算结束办理注销登记

这是清算组的最后一项工作，办理完合作社的注销登记，清算组的职权终止，清算组即行解散，不得再以合作社清算组的名义进行活动。

附录 1

中华人民共和国农民专业合作社法

(2006年10月31日第十届全国人民代表大会常务委员会第二十四次会议通过 2017年12月27日第十二届全国人民代表大会常务委员会第三十一次会议修订)

第一章 总 则

第一条 为了规范农民专业合作社的组织和行为,鼓励、支持、引导农民专业合作社的发展,保护农民专业合作社及其成员的合法权益,推进农业农村现代化,制定本法。

第二条 本法所称农民专业合作社,是指在农村家庭承包经营基础上,农产品的生产经营者或者农业生产经营服务的提供者、利用者,自愿联合、民主管理的互助性经济组织。

第三条 农民专业合作社以其成员为主要服务对象,开展以下一种或者多种业务:

(一)农业生产资料的购买、使用;

(二)农产品的生产、销售、加工、运输、贮藏及其他相关服务;

(三)农村民间工艺及制品、休闲农业和乡村旅游资源的开发经营等;

(四)与农业生产经营有关的技术、信息、设施建设运营等服务。

第四条 农民专业合作社应当遵循下列原则：

（一）成员以农民为主体；

（二）以服务成员为宗旨，谋求全体成员的共同利益；

（三）入社自愿、退社自由；

（四）成员地位平等，实行民主管理；

（五）盈余主要按照成员与农民专业合作社的交易量（额）比例返还。

第五条 农民专业合作社依照本法登记，取得法人资格。

农民专业合作社对由成员出资、公积金、国家财政直接补助、他人捐赠以及合法取得的其他资产所形成的财产，享有占有、使用和处分的权利，并以上述财产对债务承担责任。

第六条 农民专业合作社成员以其账户内记载的出资额和公积金份额为限对农民专业合作社承担责任。

第七条 国家保障农民专业合作社享有与其他市场主体平等的法律地位。

国家保护农民专业合作社及其成员的合法权益，任何单位和个人不得侵犯。

第八条 农民专业合作社从事生产经营活动，应当遵守法律，遵守社会公德、商业道德，诚实守信，不得从事与章程规定无关的活动。

第九条 农民专业合作社为扩大生产经营和服务的规模，发展产业化经营，提高市场竞争力，可以依法自愿设立或者加入农民专业合作社联合社。

第十条 国家通过财政支持、税收优惠和金融、科技、人才的扶持以及产业政策引导等措施，促进农民专业合作社的发展。

国家鼓励和支持公民、法人和其他组织为农民专业合作社提

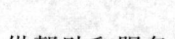

供帮助和服务。

对发展农民专业合作社事业作出突出贡献的单位和个人,按照国家有关规定予以表彰和奖励。

第十一条 县级以上人民政府应当建立农民专业合作社工作的综合协调机制,统筹指导、协调、推动农民专业合作社的建设和发展。

县级以上人民政府农业主管部门、其他有关部门和组织应当依据各自职责,对农民专业合作社的建设和发展给予指导、扶持和服务。

第二章 设立和登记

第十二条 设立农民专业合作社,应当具备下列条件:

(一)有五名以上符合本法第十九条、第二十条规定的成员;

(二)有符合本法规定的章程;

(三)有符合本法规定的组织机构;

(四)有符合法律、行政法规规定的名称和章程确定的住所;

(五)有符合章程规定的成员出资。

第十三条 农民专业合作社成员可以用货币出资,也可以用实物、知识产权、土地经营权、林权等可以用货币估价并可以依法转让的非货币财产,以及章程规定的其他方式作价出资;但是,法律、行政法规规定不得作为出资的财产除外。

农民专业合作社成员不得以对该社或者其他成员的债权,充抵出资;不得以缴纳的出资,抵销对该社或者其他成员的债务。

第十四条 设立农民专业合作社,应当召开由全体设立人参加的设立大会。设立时自愿成为该社成员的人为设立人。

设立大会行使下列职权：

（一）通过本社章程，章程应当由全体设立人一致通过；

（二）选举产生理事长、理事、执行监事或者监事会成员；

（三）审议其他重大事项。

第十五条 农民专业合作社章程应当载明下列事项：

（一）名称和住所；

（二）业务范围；

（三）成员资格及入社、退社和除名；

（四）成员的权利和义务；

（五）组织机构及其产生办法、职权、任期、议事规则；

（六）成员的出资方式、出资额，成员出资的转让、继承、担保；

（七）财务管理和盈余分配、亏损处理；

（八）章程修改程序；

（九）解散事由和清算办法；

（十）公告事项及发布方式；

（十一）附加表决权的设立、行使方式和行使范围；

（十二）需要载明的其他事项。

第十六条 设立农民专业合作社，应当向工商行政管理部门提交下列文件，申请设立登记：

（一）登记申请书；

（二）全体设立人签名、盖章的设立大会纪要；

（三）全体设立人签名、盖章的章程；

（四）法定代表人、理事的任职文件及身份证明；

（五）出资成员签名、盖章的出资清单；

（六）住所使用证明；

(七)法律、行政法规规定的其他文件。

登记机关应当自受理登记申请之日起二十日内办理完毕,向符合登记条件的申请者颁发营业执照,登记类型为农民专业合作社。

农民专业合作社法定登记事项变更的,应当申请变更登记。

登记机关应当将农民专业合作社的登记信息通报同级农业等有关部门。

农民专业合作社登记办法由国务院规定。办理登记不得收取费用。

第十七条 农民专业合作社应当按照国家有关规定,向登记机关报送年度报告,并向社会公示。

第十八条 农民专业合作社可以依法向公司等企业投资,以其出资额为限对所投资企业承担责任。

第三章 成　员

第十九条 具有民事行为能力的公民,以及从事与农民专业合作社业务直接有关的生产经营活动的企业、事业单位或者社会组织,能够利用农民专业合作社提供的服务,承认并遵守农民专业合作社章程,履行章程规定的入社手续的,可以成为农民专业合作社的成员。但是,具有管理公共事务职能的单位不得加入农民专业合作社。

农民专业合作社应当置备成员名册,并报登记机关。

第二十条 农民专业合作社的成员中,农民至少应当占成员总数的百分之八十。

成员总数二十人以下的,可以有一个企业、事业单位或者社会组织成员;成员总数超过二十人的,企业、事业单位和社会组织成员不得超过成员总数的百分之五。

第二十一条 农民专业合作社成员享有下列权利：

（一）参加成员大会，并享有表决权、选举权和被选举权，按照章程规定对本社实行民主管理；

（二）利用本社提供的服务和生产经营设施；

（三）按照章程规定或者成员大会决议分享盈余；

（四）查阅本社的章程、成员名册、成员大会或者成员代表大会记录、理事会会议决议、监事会会议决议、财务会计报告、会计账簿和财务审计报告；

（五）章程规定的其他权利。

第二十二条 农民专业合作社成员大会选举和表决，实行一人一票制，成员各享有一票的基本表决权。

出资额或者与本社交易量（额）较大的成员按照章程规定，可以享有附加表决权。本社的附加表决权总票数，不得超过本社成员基本表决权总票数的百分之二十。享有附加表决权的成员及其享有的附加表决权数，应当在每次成员大会召开时告知出席会议的全体成员。

第二十三条 农民专业合作社成员承担下列义务：

（一）执行成员大会、成员代表大会和理事会的决议；

（二）按照章程规定向本社出资；

（三）按照章程规定与本社进行交易；

（四）按照章程规定承担亏损；

（五）章程规定的其他义务。

第二十四条 符合本法第十九条、第二十条规定的公民、企业、事业单位或者社会组织，要求加入已成立的农民专业合作社，应当向理事长或者理事会提出书面申请，经成员大会或者成员代表大会表决通过后，成为本社成员。

第二十五条 农民专业合作社成员要求退社的，应当在会计年度终了的三个月前向理事长或者理事会提出书面申请；其中，企业、事业单位或者社会组织成员退社，应当在会计年度终了的六个月前提出；章程另有规定的，从其规定。退社成员的成员资格自会计年度终了时终止。

第二十六条 农民专业合作社成员不遵守农民专业合作社的章程、成员大会或者成员代表大会的决议，或者严重危害其他成员及农民专业合作社利益的，可以予以除名。

成员的除名，应当经成员大会或者成员代表大会表决通过。

在实施前款规定时，应当为该成员提供陈述意见的机会。

被除名成员的成员资格自会计年度终了时终止。

第二十七条 成员在其资格终止前与农民专业合作社已订立的合同，应当继续履行；章程另有规定或者与本社另有约定的除外。

第二十八条 成员资格终止的，农民专业合作社应当按照章程规定的方式和期限，退还记载在该成员账户内的出资额和公积金份额；对成员资格终止前的可分配盈余，依照本法第四十四条的规定向其返还。

资格终止的成员应当按照章程规定分摊资格终止前本社的亏损及债务。

第四章 组 织 机 构

第二十九条 农民专业合作社成员大会由全体成员组成，是本社的权力机构，行使下列职权：

（一）修改章程；

（二）选举和罢免理事长、理事、执行监事或者监事会成员；

（三）决定重大财产处置、对外投资、对外担保和生产经营活动中的其他重大事项；

（四）批准年度业务报告、盈余分配方案、亏损处理方案；

（五）对合并、分立、解散、清算，以及设立、加入联合社等作出决议；

（六）决定聘用经营管理人员和专业技术人员的数量、资格和任期；

（七）听取理事长或者理事会关于成员变动情况的报告，对成员的入社、除名等作出决议；

（八）公积金的提取及使用；

（九）章程规定的其他职权。

第三十条 农民专业合作社召开成员大会，出席人数应当达到成员总数三分之二以上。

成员大会选举或者作出决议，应当由本社成员表决权总数过半数通过；作出修改章程或者合并、分立、解散，以及设立、加入联合社的决议应当由本社成员表决权总数的三分之二以上通过。章程对表决权数有较高规定的，从其规定。

第三十一条 农民专业合作社成员大会每年至少召开一次，会议的召集由章程规定。有下列情形之一的，应当在二十日内召开临时成员大会：

（一）百分之三十以上的成员提议；

（二）执行监事或者监事会提议；

（三）章程规定的其他情形。

第三十二条 农民专业合作社成员超过一百五十人的，可以按照章程规定设立成员代表大会。成员代表大会按照章程规定可以行使成员大会的部分或者全部职权。

依法设立成员代表大会的，成员代表人数一般为成员总人数的百分之十，最低人数为五十一人。

第三十三条 农民专业合作社设理事长一名，可以设理事会。理事长为本社的法定代表人。

农民专业合作社可以设执行监事或者监事会。理事长、理事、经理和财务会计人员不得兼任监事。

理事长、理事、执行监事或者监事会成员，由成员大会从本社成员中选举产生，依照本法和章程的规定行使职权，对成员大会负责。

理事会会议、监事会会议的表决，实行一人一票。

第三十四条 农民专业合作社的成员大会、成员代表大会、理事会、监事会，应当将所议事项的决定作成会议记录，出席会议的成员、成员代表、理事、监事应当在会议记录上签名。

第三十五条 农民专业合作社的理事长或者理事会可以按照成员大会的决定聘任经理和财务会计人员，理事长或者理事可以兼任经理。经理按照章程规定或者理事会的决定，可以聘任其他人员。

经理按照章程规定和理事长或者理事会授权，负责具体生产经营活动。

第三十六条 农民专业合作社的理事长、理事和管理人员不得有下列行为：

（一）侵占、挪用或者私分本社资产；

（二）违反章程规定或者未经成员大会同意，将本社资金借贷给他人或者以本社资产为他人提供担保；

（三）接受他人与本社交易的佣金归为己有；

（四）从事损害本社经济利益的其他活动。

理事长、理事和管理人员违反前款规定所得的收入，应当归本社所有；给本社造成损失的，应当承担赔偿责任。

第三十七条　农民专业合作社的理事长、理事、经理不得兼任业务性质相同的其他农民专业合作社的理事长、理事、监事、经理。

第三十八条　执行与农民专业合作社业务有关公务的人员，不得担任农民专业合作社的理事长、理事、监事、经理或者财务会计人员。

第五章　财 务 管 理

第三十九条　农民专业合作社应当按照国务院财政部门制定的财务会计制度进行财务管理和会计核算。

第四十条　农民专业合作社的理事长或者理事会应当按照章程规定，组织编制年度业务报告、盈余分配方案、亏损处理方案以及财务会计报告，于成员大会召开的十五日前，置备于办公地点，供成员查阅。

第四十一条　农民专业合作社与其成员的交易、与利用其提供的服务的非成员的交易，应当分别核算。

第四十二条　农民专业合作社可以按照章程规定或者成员大会决议从当年盈余中提取公积金。公积金用于弥补亏损、扩大生产经营或者转为成员出资。

每年提取的公积金按照章程规定量化为每个成员的份额。

第四十三条　农民专业合作社应当为每个成员设立成员账户，主要记载下列内容：

（一）该成员的出资额；

（二）量化为该成员的公积金份额；

（三）该成员与本社的交易量（额）。

第四十四条 在弥补亏损、提取公积金后的当年盈余,为农民专业合作社的可分配盈余。可分配盈余主要按照成员与本社的交易量(额)比例返还。

可分配盈余按成员与本社的交易量(额)比例返还的返还总额不得低于可分配盈余的百分之六十;返还后的剩余部分,以成员账户中记载的出资额和公积金份额,以及本社接受国家财政直接补助和他人捐赠形成的财产平均量化到成员的份额,按比例分配给本社成员。

经成员大会或者成员代表大会表决同意,可以将全部或者部分可分配盈余转为对农民专业合作社的出资,并记载在成员账户中。

具体分配办法按照章程规定或者经成员大会决议确定。

第四十五条 设立执行监事或者监事会的农民专业合作社,由执行监事或者监事会负责对本社的财务进行内部审计,审计结果应当向成员大会报告。

成员大会也可以委托社会中介机构对本社的财务进行审计。

第六章 合并、分立、解散和清算

第四十六条 农民专业合作社合并,应当自合并决议作出之日起十日内通知债权人。合并各方的债权、债务应当由合并后存续或者新设的组织承继。

第四十七条 农民专业合作社分立,其财产作相应的分割,并应当自分立决议作出之日起十日内通知债权人。分立前的债务由分立后的组织承担连带责任。但是,在分立前与债权人就债务清偿达成的书面协议另有约定的除外。

第四十八条 农民专业合作社因下列原因解散:

（一）章程规定的解散事由出现；

（二）成员大会决议解散；

（三）因合并或者分立需要解散；

（四）依法被吊销营业执照或者被撤销。

因前款第一项、第二项、第四项原因解散的，应当在解散事由出现之日起十五日内由成员大会推举成员组成清算组，开始解散清算。逾期不能组成清算组的，成员、债权人可以向人民法院申请指定成员组成清算组进行清算，人民法院应当受理该申请，并及时指定成员组成清算组进行清算。

第四十九条 清算组自成立之日起接管农民专业合作社，负责处理与清算有关未了结业务，清理财产和债权、债务，分配清偿债务后的剩余财产，代表农民专业合作社参与诉讼、仲裁或者其他法律程序，并在清算结束时办理注销登记。

第五十条 清算组应当自成立之日起十日内通知农民专业合作社成员和债权人，并于六十日内在报纸上公告。债权人应当自接到通知之日起三十日内，未接到通知的自公告之日起四十五日内，向清算组申报债权。如果在规定期间内全部成员、债权人均已收到通知，免除清算组的公告义务。

债权人申报债权，应当说明债权的有关事项，并提供证明材料。清算组应当对债权进行审查、登记。

在申报债权期间，清算组不得对债权人进行清偿。

第五十一条 农民专业合作社因本法第四十八条第一款的原因解散，或者人民法院受理破产申请时，不能办理成员退社手续。

第五十二条 清算组负责制定包括清偿农民专业合作社员工的工资及社会保险费用，清偿所欠税款和其他各项债务，以及分配剩余财产在内的清算方案，经成员大会通过或者申请人民法院确认后实施。

清算组发现农民专业合作社的财产不足以清偿债务的,应当依法向人民法院申请破产。

第五十三条 农民专业合作社接受国家财政直接补助形成的财产,在解散、破产清算时,不得作为可分配剩余资产分配给成员,具体按照国务院财政部门有关规定执行。

第五十四条 清算组成员应当忠于职守,依法履行清算义务,因故意或者重大过失给农民专业合作社成员及债权人造成损失的,应当承担赔偿责任。

第五十五条 农民专业合作社破产适用企业破产法的有关规定。但是,破产财产在清偿破产费用和共益债务后,应当优先清偿破产前与农民成员已发生交易但尚未结清的款项。

第七章 农民专业合作社联合社

第五十六条 三个以上的农民专业合作社在自愿的基础上,可以出资设立农民专业合作社联合社。

农民专业合作社联合社应当有自己的名称、组织机构和住所,由联合社全体成员制定并承认的章程,以及符合章程规定的成员出资。

第五十七条 农民专业合作社联合社依照本法登记,取得法人资格,领取营业执照,登记类型为农民专业合作社联合社。

第五十八条 农民专业合作社联合社以其全部财产对该社的债务承担责任;农民专业合作社联合社的成员以其出资额为限对农民专业合作社联合社承担责任。

第五十九条 农民专业合作社联合社应当设立由全体成员参加的成员大会,其职权包括修改农民专业合作社联合社章程,选举和罢免农民专业合作社联合社理事长、理事和监事,决定农民专业合作社联合社的经营方案及盈余分配,决定对外投资和担保方案等重大事项。

农民专业合作社联合社不设成员代表大会,可以根据需要设立理事会、监事会或者执行监事。理事长、理事应当由成员社选派的人员担任。

第六十条 农民专业合作社联合社的成员大会选举和表决,实行一社一票。

第六十一条 农民专业合作社联合社可分配盈余的分配办法,按照本法规定的原则由农民专业合作社联合社章程规定。

第六十二条 农民专业合作社联合社成员退社,应当在会计年度终了的六个月前以书面形式向理事会提出。退社成员的成员资格自会计年度终了时终止。

第六十三条 本章对农民专业合作社联合社没有规定的,适用本法关于农民专业合作社的规定。

第八章 扶持措施

第六十四条 国家支持发展农业和农村经济的建设项目,可以委托和安排有条件的农民专业合作社实施。

第六十五条 中央和地方财政应当分别安排资金,支持农民专业合作社开展信息、培训、农产品标准与认证、农业生产基础设施建设、市场营销和技术推广等服务。国家对革命老区、民族地区、边疆地区和贫困地区的农民专业合作社给予优先扶助。

县级以上人民政府有关部门应当依法加强对财政补助资金使用情况的监督。

第六十六条 国家政策性金融机构应当采取多种形式,为农民专业合作社提供多渠道的资金支持。具体支持政策由国务院规定。

国家鼓励商业性金融机构采取多种形式,为农民专业合作社及其成员提供金融服务。

国家鼓励保险机构为农民专业合作社提供多种形式的农业保险服务。鼓励农民专业合作社依法开展互助保险。

第六十七条　农民专业合作社享受国家规定的对农业生产、加工、流通、服务和其他涉农经济活动相应的税收优惠。

第六十八条　农民专业合作社从事农产品初加工用电执行农业生产用电价格,农民专业合作社生产性配套辅助设施用地按农用地管理,具体办法由国务院有关部门规定。

第九章　法律责任

第六十九条　侵占、挪用、截留、私分或者以其他方式侵犯农民专业合作社及其成员的合法财产,非法干预农民专业合作社及其成员的生产经营活动,向农民专业合作社及其成员摊派,强迫农民专业合作社及其成员接受有偿服务,造成农民专业合作社经济损失的,依法追究法律责任。

第七十条　农民专业合作社向登记机关提供虚假登记材料或者采取其他欺诈手段取得登记的,由登记机关责令改正,可以处五千元以下罚款;情节严重的,撤销登记或者吊销营业执照。

第七十一条　农民专业合作社连续两年未从事经营活动的,吊销其营业执照。

第七十二条　农民专业合作社在依法向有关主管部门提供的财务报告等材料中,作虚假记载或者隐瞒重要事实的,依法追究法律责任。

第十章　附　则

第七十三条　国有农场、林场、牧场、渔场等企业中实行承包租赁经营、从事农业生产经营或者服务的职工,兴办农民专业合作社适用本法。

第七十四条　本法自 2018 年 7 月 1 日起施行。

参 考 文 献

陈建国, 陈光国, 韩俊, 2018. 中华人民共和国农民专业合作社法解读[M]. 北京: 中国法制出版社.

胡北忠, 2020. 农民专业合作社财务核算与管理[M]. 北京: 科学出版社.

李瑞芬, 2018. 农民专业合作社你问我答[M]. 北京: 中国科学技术出版社.

李秀萍, 赵永军, 葛万钧, 2019. 农民专业合作社建设与经营管理[M]. 北京: 中国农业科学技术出版社.

李艳萍, 闫云婷, 2022. 农民专业合作社运营管理与实务(图解案例版)[M]. 北京: 化学工业出版社.

徐彩玲, 赵展军, 2017. 农民专业合作社建设管理[M]. 北京: 金盾出版社.